享受吧！東京近郊小旅行

co-Trip **Minitrip** Guide

CONTENTS

東京出發的當日往返旅行

東京出發的2天1夜旅行

國家圖書館出版品預行編目資料

享受吧！東京近郊小旅行 / MAPPLE 昭文社編輯部作；潘涵語翻譯. -- 第一版. -- 新北市：人人, 2018.01
面；　公分. --（人人趣旅行；57）

ISBN 978-986-461-128-7(平裝)

1. 旅遊 2. 日本東京都

731.72609　　106020817

【人人趣旅行 57】

享受吧！東京近郊小旅行

作者／MAPPLE昭文社編輯部
翻譯／潘涵語
校對／王凱洵
編輯／林庭安
發行人／周元白
出版者／人人出版股份有限公司
地址／23145新北市新店區寶橋路235巷6弄6號7樓
電話／（02）2918-3366（代表號）
傳真／（02）2914-0000
網址／www.jjp.com.tw
郵政劃撥帳號／
16402311人人出版股份有限公司
製版印刷／長城製版印刷股份有限公司
電話／(02)2918-3366（代表號）
經銷商／聯合發行股份有限公司
電話／（02）2917-8022
第一版第一刷／2018年1月
定價／新台幣280元

■本書所刊載的內容為2016年9～10月的資訊。本書出版後可能會因餐廳菜單、介紹商品或費用等各種資訊變更，或是因季節性變動、臨時休業而無法利用。費用原則上皆為含稅價格，依設施不同也可能標示不含稅的價格。要利用時請務必先行確認。此外，因本書中提供的內容產生糾紛和損失時，本公司礙難賠償，敬請事先理解後使用本書。

- 電話號碼提供的都是各設施的詢問電話，因此可能會出現非當地號碼的情況。使用衛星導航等設備查詢地圖時，可能會出現和實際不同的位置，敬請見諒。
- 各種費用部分，入場券部分的標示以大人的票價為準。
- 不營業的日期，只標示公休日，不包含臨時休業或盂蘭盆節和過年期間的休假。

將切換日常的開關
給關上
踏上前往東京近郊的
小小旅行

被工作和雜務壓垮
而略感疲憊的生活。
當這種生活日復一日，
不妨來趟小小旅行吧。

稍微離開東京，
光是眺望那
與平時不同的風景，
原本千頭萬緒的腦袋
也宛如重獲新生。
讓優美景致和美味餐點
為身心補滿能量後，
明天開始
似乎又能繼續努力了。

深受隨興造訪的
沿途美景所感動，
而向當地人問路時的隨意閒聊
也令人倍感親切…。
每當踏上旅途，
心情就會在不知不覺中
奇妙地煥然一新。

co-Trip Minitrip Guide

順路造訪的咖啡廳所
端出的咖啡滋味和
溫泉旅館自然不著痕跡的
貼心服務
都深深烙印在心上，
讓人回家後也想模仿一下。
這趟小小的旅行，
就是像這樣，為我的生活
帶來了新的轉變。

當日往返的地點 ▶▶▶ 東京都：高尾山／神奈川縣：鎌倉、葉山
埼玉縣：川越、長瀞／山梨縣：勝沼

2天1夜的地點 ▶▶▶ 東京都：伊豆大島／神奈川縣：箱根／千葉縣：房總半島
山梨縣・長野縣：八岳／靜岡縣：東伊豆 & 熱海、三島
長野縣：安曇野、諏訪、輕井澤／栃木縣：那須、益子

稍稍
走遠一些

東京出發的當日往返旅行

在鎌倉度過沉靜獨處時光

不妨遠離紛擾喧囂的日常，前往神奈川的鎌倉放鬆心情、悠閒自在地度過一天吧。綠意盎然的寺院及當地孕育的美食將溫柔填滿你的心。

距離東京最近的古都
走訪鎌倉私房景點之旅

想要從忙碌的生活稍微喘口氣時，不妨來到鎌倉隨興走走吧？鎌倉四處座落著歷史悠久而富有懷古風情的神社寺院，是個全年皆有無數觀光客造訪的人氣區域。在洋溢古都風情的同時，於鶴岡八幡宮參拜道的若宮大路和小町通上，則有熱門的甜品店及伴手禮店聚集，無論何時來訪都展現出慶典般的熱鬧光景。只要一嘗加入大量鎌倉蔬菜而滋味十足的餐點、獲好評的和風甜點，必能為明天注入滿滿活力。

鎌倉的東部區域 聚集富有風情的寺院

抹茶（附干菓子）500日圓。在設於竹之庭中的茶座「休耕庵」輕啜茶品又是另一番風味。抹茶券請與竹之庭的門票一併購買

穿過山門爬上石階就出現在眼前的木堂，有著凜然的外觀並飄散出微微的緊張氣息。面向建築左邊有通往竹之庭的入口

竹之庭四處都置有石頭佛像和小小的石燈籠，營造出靜謐的空間。地藏菩薩溫和的表情讓人感到心情平靜

上：可在有枯山水造景的中庭等隨處都整理得相當美麗的園內悠閒散步　右：魚缸裡有可愛的金魚悠涼游動

清新樹葉聲療癒人心的涼爽竹之庭

若想逃離都市喧擾，放空心情恣意沉浸在古都風情，不妨造訪「報國寺」。這座名寺佇立在金澤街道旁的小巷內。

聞名遐邇的「竹寺」暱稱，乃出自廣布於本堂後方的竹之庭。寂靜籠罩著約2千棵碧綠的孟宗竹，形成蔥郁茂盛的空間，朝向天際挺直生長的竹林，營造出洗滌人心的清幽景象。只要靜下來聆聽，就能聽見娑娑的竹葉聲。沿著竹庭的步道前進，就會來到小小的茶座——休耕庵，不妨在此品嘗抹茶眺望庭院，度過平心靜氣的時光。

報國寺
ほうこくじ

☎0467-22-0762 ⌂神奈川県鎌倉市浄明寺2-7-4 ⏲9:00～16:00(品嘗抹茶～15:30) 休無休 ¥竹之庭參觀費200日圓 P有 ‼京濱急行巴士浄妙寺站步行3分

用全身體會 當令蔬菜的好滋味

心情舒暢後就來到期待的用餐時間，可以在蔬菜料理的餐廳「なると屋＋典座」品嘗鎌倉的當令美味與鎌倉蔬菜。

店主表示「享用這個時節在這片土地所採收的食物是再自然不過的事情，而且也是最美味的時候」。招牌菜單是每月更換的定食，為了彰顯食材的風味與香氣而不過度調味。對料理相當講究，蔬菜有油炸也有汆燙，使用不同的調理方法，也因此能享受豐富的口感，敬請細細咀嚼自然的好滋味。

「身心皆能獲得能量的風味十足餐點」

新鮮的當地蔬菜捎來了季節風味與香氣。只要品嘗大自然的禮物，彷彿美麗就能由內散發出來

店名「典座」意指在禪宗寺院負責飲食的職務。「我誠心希望能夠透過料理精進每一日」，老闆如此說道

なると屋＋典座
なるとやぷらすてんぞ

☎0467-23-7666 神奈川県鎌倉市小町1-6-12 寿ビル2F 11:30～14:30、18:00～20:30 休 週二，第2、4週三 P 無 JR鎌倉站步行2分

在氣氛雅致而沉穩的空間內能夠靜心用餐

每月更換菜單的定食，當月餐點1620日圓。餐盤上擺滿了以美味青菜入菜的料理

蔬菜圖案的手帕是2014年3月為了紀念邁入10週年而做的獨創商品，亦提供販賣，1080日圓

軟綿綿、口感彈牙 極致幸福的時光

宇治白玉奶油餡蜜850日圓。會在盤子上擺上搭配該餐點的花朵，相當窩心

吃得到分量十足熱騰騰的日式湯圓

從鎌倉站走上10分鐘，每天大排長龍的「茶房 雲母」是白玉湯圓深獲好評的甜品店，特色在於店家會將現煮的白玉湯圓以微溫的狀態端上桌，據說因為老闆希望客人能品嘗那柔軟的口感。

推薦來份招牌餐點之一的宇治白玉奶油餡蜜，盛裝於碗公內的白玉湯圓，外表光滑柔潤，大小驚人。為避免抹茶白玉的香氣消失，需淋上抹茶蜜而非黑糖蜜來享用，吃上一口，一定會被濃醇的宇治抹茶香氣及柔軟彈牙的口感所擄獲。

在6月下旬～10月中旬還會有限定的刨冰登場，冰蜜桃850日圓吃得到白桃的優雅甘甜

座落在閑靜住宅區的獨棟建築。為了一嘗白玉，不用說是當地人，更吸引日本各地眾多饕客前來

和風裝潢的舒適店內。在微風拂過草木間的涼爽季節，也推薦在露天座位放鬆享受

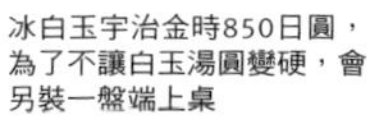

冰白玉宇治金時850日圓，為了不讓白玉湯圓變硬，會另裝一盤端上桌

茶房 雲母
さぼうきらら

☎0467-24-9741 ⌂神奈川県鎌倉市御成町16-7 ⏰11:00～17:30(週六日、假日為10:30～) 休無休 P無 JR鎌倉站步行10分

小町通 隨興漫步

選購伴手禮&吃遍美食的樂趣無窮

從鎌倉站延伸至鶴岡八幡宮
鎌倉第一熱鬧的商店街

由鎌倉站綿延至鶴岡八幡宮的小町通，是來到鎌倉一定要順道逛逛的商店街。一整年吸引許多觀光客來訪，到了週末更可看見宛如新年參拜般的熱鬧光景。長約360m的道路兩旁，從老字號的伴手禮專賣店到人潮絡繹不絕的知名美食景點，約有250家商店櫛次鱗比。還有販售時尚和風雜貨的店家和提供美味甜點的咖啡廳等，盡是讓人不禁想進去逛逛的商店而難以前進。

a OXYMORON komachi
オクシモロンコマチ

女性主廚研發的絕品辣味咖哩

村上愛子小姐所烹製的辣味咖哩，每一道都深具獨創性，加入香草、紫蘇、山芹菜及蔥的肉末咖哩堪稱絕品。

咖啡廳 ☎0467-73-8626
雪ノ下1-5-38こもれび禄岸2F
11:00～17:30
休 週三（逢假日則翌日休） P 無

外形可愛的檸檬蛋糕400日圓，以及一杯一杯細心手沖的咖啡600日圓

1.最受歡迎的異國風肉末咖哩附上醬菜1200日圓　2.黑色地板搭配白色牆面、骨董家具和工匠製作的燈具而設計感十足的店內

c Patisserie 雪乃下
パティスリーゆきのした

品味甜點 享受幸福時光

鎌倉最具代表性的著名糕點店，還有推出限定內用的蛋糕，千萬別錯過。鎌倉伴手禮的熱門選擇則是馬卡龍。

甜點 ☎0467-61-2270
小町2-7-27 10:00～19:00
休 無休 P 無

1.五顏六色而繽紛的蛋糕十分吸睛　2.盆栽520日圓是抹茶口味的提拉米蘇　3.也提供內用空間

b 鬼頭天薫堂
きとうてんくんどう

傳統薰香 超過100種

網羅線香、香膏及香爐等都有販售的薰香專賣店。有春季的嫩芽和玫瑰等可選擇，不妨從他們獨自調配的多種香氛中選出最愛的香味。

薰香 ☎0467-22-1081
雪ノ下1-7-5
10:00～18:00
休 無休 P 無

1.花個紋線香1944日圓　2.花個紋塔香2700日圓和十五夜兔香座各778日圓　3.店家位在小町通巷內

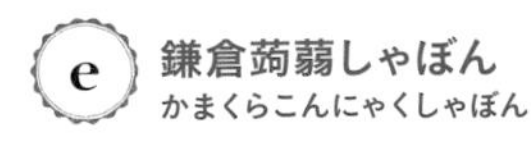

e 鎌倉蒟蒻しゃぼん
かまくらこんにゃくしゃぼん

伴手禮就送QQ的香皂吧

在京都等地也有設點，為添加蒟蒻等天然成分的洗臉用香皂專賣店。很有彈性的觸感和圓滾滾外觀十分可愛的香皂作為伴手禮再適合不過了。本店位在若宮大路上。

香皂 ☎0120-808-469
住小町2-2-24
⏲10:00～18:00
休無休 P無

1.左起是炭、菖蒲、米、櫻、鎌倉金，1個1250日圓～ 2.手持香皂的地藏菩薩是認路指標（照片為本店）

d TERRA DELI
テラデリ

以熟食為主的暖心菜色

滿滿養生蔬菜的「筷子盤餐」1447日圓

只要從熱鬧的小町通彎進一條小巷就彷彿踏入另一個世界。將隨著四季更迭的大地美味入菜的菜餚，可外帶亦可在咖啡廳享用。

熟食咖啡廳 ☎0467-23-9756
住小町2-8-23 ⏲11:00～17:00（午餐L.O.14:30）休週二 P無

1.除了熟食外，也販賣淋醬和果醬等 2.從咖啡廳可欣賞美麗庭院 3.店家位在前身是教堂建築的1樓

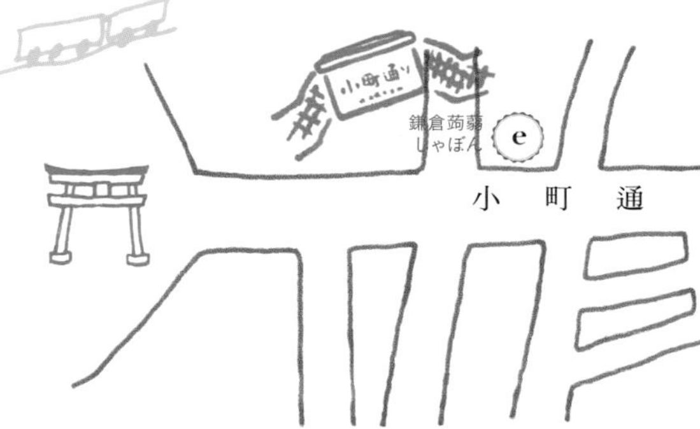

g 鎌倉おてら Cafe
かまくらおてらカフェ

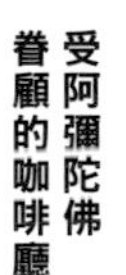

源自鎌倉時代的淨土真宗古寺，中淨榮寺的僧侶所經營的獨特咖啡廳。店內瀰漫著肅然的氣息，讓心得以獲得平靜。

咖啡廳 ☎0467-25-6588
住小町2-12-35若宮大路ビル2F
⏲11:00～19:00 休無休（有臨時休）
P無

1.和菓子＆添加抹茶的綠茶套餐800日圓 2.窗邊座位能俯瞰段葛上成排的櫻花樹 3.抄經用具全部都能租借

f LONCAFE
ロンカフェ

鎌倉的法式吐司專賣店，將烘烤到酥脆的法式吐司加上法式烤布蕾作為配料的奢華甜點深獲好評。

咖啡廳 ☎0467-38-4858
住小町2-7-32 2F
⏲11:00～20:00（週六日、假日10:00～）
休無休（有臨時休）P無

醇厚的法式烤布蕾×法式吐司

1.濃醇法式烤布蕾的法式吐司1380日圓 2.位在店內後方的開放式廚房 3.很有度假風情的店內

在私藏區域中發現的復古日式空間
和風的古民宅景點

在鎌倉，俯拾皆是將古民宅加以翻修而成的咖啡廳和餐廳。不妨出發尋覓能夠遠離都市喧囂、悠閒享受的和風店家吧！

欲知製作和菓子的工作坊詳情，請上「たからの庭」官網查詢

展現出古早美好日本風情的工房「たからの庭」，會在復古的洋房舉辦講座

有向日葵和牽牛花等，推出以當季花卉為主題的美麗和菓子

完全預約制的創意和菓子

一個個精心製作的和菓子「手毬」是採完全預約制的獨一無二珍品。改建自古民宅的共享工作室「たからの庭」以及位在坂之下的工房會舉辦製作和菓子的講座。

鎌倉創作和菓子 手毬
かまくらそうさくわがしてまり

和菓子 ☎0467-33-4525 神奈川県鎌倉市山ノ内1418(たからの庭)、鎌倉市坂ノ下28-35(工房) 每月舉辦1次 P 無 JR北鎌倉站步行10分(たからの庭)、江之電極樂寺站步行10分(工房)

以和菓子呈現日本傳統花紋的「市松手毬」

吃得到頂級的麵包類點心

由位在東京世田谷的「最高級パン専門店 recette」所打造的麵包點心店。將天然酵母以約20小時低溫長時間發酵成口感紮實的吐司，可在此品嘗以其製作的咖啡餐點。

以實木的餐桌和椅子營造閑適感

1.選用平飼雞蛋、用料奢侈的法式吐司，附飲品1700日圓　2.可以嘗試多種麵包風味的吐司吃到飽1400日圓

café recette　鎌倉

カフェルセットかまくら

咖啡廳 ☎0467-38-5700 ⌂神奈川県鎌倉市坂ノ下22-5 ⏲8:30～17:00(平日為9:30～) 休不定休 P無 ‼江之電長谷站步行5分

1.竹筴魚乾定食600日圓（本店的嚴選雞蛋＋180日圓）　2.使用小田原鈴木製餡所之豆沙的餡蜜680日圓

江之電從眼前飛馳而過

可以在居家味十足、氛圍愜意的和風咖啡廳內中品嚐對食材和烘烤方式都相當講究的乾貨。令人想在此一面眺望江之電，大啖美味早餐。

改造自大正時代的古民宅，環境舒適的乾貨咖啡廳

ヨリドコロ

乾貨咖啡廳 ☎0467-40-5737 ⌂神奈川県鎌倉市稲村ガ崎1-12-16 ⏲7:00～9:00、11:00～18:00 休不定休 P無 ‼江之電稲村崎站步行2分

將純日本住宅翻新再造的 咖啡廳&餐廳

屋齡100年的別墅搖身一變

翻修後重生為獨棟法式餐廳的鎌倉三大洋樓之一，能夠在富有歷史感的建築物內，享用吃得到鎌倉當令風味的午間全餐。

1.鎌倉全餐3800日圓的參考菜色
2.能欣賞四季美景的主餐廳
3.面對池塘的後院是氣氛休閒的咖啡廳

古我邸　こがてい

法國菜 ☎0467-22-2011
⌂神奈川県鎌倉市扇ガ谷1-7-23
⏲11:00～14:00、17:00～20:00
休週二 P無 ‼JR鎌倉站步行5分

1 藝廊有販賣陶器等商品　2.有將焙茶奶茶做成糖漿的焙茶牛奶冰800日圓等，夏天時刨冰很熱銷

老倉庫改裝成的咖啡廳&藝廊

以蕎麥粉製作的法式薄餅及法蘭絨濾泡咖啡備受好評的咖啡廳，2樓則是展銷生活雜貨的藝廊。

入口附近的三和土座位是很有開闊感的挑高設計

vuori　ブオリ

咖啡廳 ☎0467-23-2450 ⌂神奈川県鎌倉市長谷1-15-1 ⏲咖啡廳12:00～18:00，藝廊12:00～18:00 休不定休 P無 ‼江之電長谷站步行4分

搭乘從逗子出發、繞行海岸的巴士前往

葉山的沿海小旅行

一望無際的碧海藍天在眼前展開。海水浴旺季之外的
葉山人潮相對較少，散發著稍稍悠閒的氣息。
不妨跳上沿著海岸行駛的巴士，來一場小小旅行吧？

1.柔和的陽光在玻璃反射下更顯燦爛 2.小型漁船聚集的葉山港 3.坐上繞行海岸線的巴士出發 4.發現打造成船錨型的路燈 5.打上沙灘的海浪平穩 6.正在沙灘上散步的狗狗

這回搭乘從逗子站出發後繞行海岸的12路巴士。欲從海岸前往長者崎時，就在葉山巴士站轉乘繞行山手的4、5、6、71、72路巴士吧。

1.販賣手工的燻製食物，竹筴魚和青花魚是從佐島漁港進貨　2.還有各式各樣當地栽種的蔬菜　3.麵包和蛋糕類也很豐富　4.新鮮的葉山當地章魚，也推薦汆燙魩仔魚和日曬魩仔魚乾　5.使用葉山產原料釀造的日本酒和燒酒、梅酒等品項琳琅滿目　6.還設有可即買即吃的桌椅　7.港口有許多漁船停靠　8.令人忍不住想把葡萄酒帶回家

專程早起來去海邊的市集

前往每週日在葉山港舉辦的「葉山市集週日早市」作為旅途的開端吧。這裡聚集了眾多前來尋求新鮮海產和蔬菜、鄰近商店及餐廳的熟食和甜點等葉山五花八門美味的人潮，也供應許多能輕鬆品嘗名店風味的早市限定商品。由於熱門商品轉眼間就會賣完，這一天務必要忍住賴床的念頭。

不妨在此選購各式葉山美食後再移動到海岸附近，來一場海邊的早午餐吧！

葉山市集週日早市

ハヤママーケットにちようあさいち

神奈川県葉山町堀内・ハヤマ漁協前　週日8:30～10:30(售完打烊)，天候不佳時停辦　休 年初第1週日、年底最後週日　P 無　JR逗子站、京急新逗子站搭乘繞行海岸開往葉山方向的巴士8分，鐙摺站下車即到

鐙摺的巴士站是前往葉山港的入口，也設有葉山市集的導覽看板

B.早市的塔類點心

A.早市鮪魚肚蓋飯

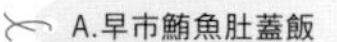

＼只有這裡吃得到／

可口美食道相報

A.葉山Fisherman's Lodge的早市鮪魚肚蓋飯800日圓　B.一早就大排長龍的早市名產LA MARÉE DE CHAYA的塔類點心一整個1000日圓　C.葉山港湾食堂的岩海苔魩仔魚蓋飯500日圓　D.選用關口牧場的牛奶製作，葉山LEMON TREE的炸麵包150日圓

C.魩仔魚蓋飯

D.炸麵包

沿著海岸線 悠然漫步

葉山的海岸沿線有森戶海岸、一色海岸、大濱海岸…等著名的海灘綿延。天氣晴朗時，更能從海邊眺望到江之島和富士山。和夏季時海灘上小屋林立、人潮洶湧的情景相較之下，春季和秋季的葉山是一片悠哉閑靜的氣息，也是最適合在沙灘上閒晃、走訪有趣的商店和咖啡廳的季節。

不喜歡早起的人，將這裡作為旅途的開始也沒問題。在海岸一帶走下巴士後，就在附近的商家和海灘逛逛，接著再搭上巴士…。不妨以這樣的方式來享受一趟悠閒的旅行吧。

在葉山這裡沙灘最為遼闊的森戶海岸，有許多樂享水上運動的遊客。淺海地區風平浪靜的另一端，有時還能看見江之島及遠方富士山的景致，就近則有多家能小憩一下的咖啡廳

從海邊走過紅色欄杆的橋樑，繼續往前就是森戶神社

巴士窗外
一望無際的
海與藍天

在森戶海岸巴士站下車，就可看見綠色的長椅和看板，從這裡馬上就能走到海灘

在尋找護身符時發現「淨身鹽」，或許很靈驗呢

盡情感受隨著地點而略顯不同的沿海風光

春夏的新款包包，可選擇布的顏色及厚度。最前面的Drops是16000日圓～

最後用即使疊上多層布料的部分也能輕易縫合的裁縫機來收邊

ko'da-style コウダスタイル

簡單而清爽的帆布包

位在海岸附近住宅區的「ko'da-style」是Kouda Kazuhiro先生從設計到縫製全都一手包辦的帆布包工作室兼店面。可瀏覽樣品並自行搭配喜歡的顏色及素材後下訂單，約4個月可完工，直到取貨的等待時光也是一種樂趣。

☎046-875-7992 神奈川県葉山町堀内383
週六～一，12:00～18:00※有時會公休，請事先上官網(http://koda-style.net)查詢
P 無 JR逗子站、京急新逗子站搭乘繞行海岸開往葉山方向的巴士10分，元町站下車即到

包包全由Kouda先生純手工製作，他認為動手做的時光非常愉快

三角屋根 パンとコーヒー

さんかくやねパンとコーヒー

最適合當假期早午餐的頂級三明治和咖啡

名符其實的三角形屋頂十分搶眼。以每天吃也吃不膩的簡樸麵包、自家烘焙嚴選咖啡豆的咖啡而深受好評，擁有開店前便湧現人潮的高人氣。可以在環境舒適的咖啡廳用餐，或是外帶至森戶海岸享受野餐氣氛也不錯。

☎046-884-9113 ⌂神奈川県葉山町堀内1047-3 ⌚12:00～17:00 休週四、五 P有 JR逗子站、京急新逗子站搭乘繞行海岸開往葉山方向的巴士12分，森戶神社站下車即到

1.位在森戶神社巴士站前方 2.窗邊的搖椅是頭等座 3.火腿和起司的三明治313日圓，當日咖啡(small)335日圓4.由老闆沖泡咖啡，老闆娘負責麵包和點心 5.也很推薦露天座

悠閒氣氛
十分舒適的
葉山假期

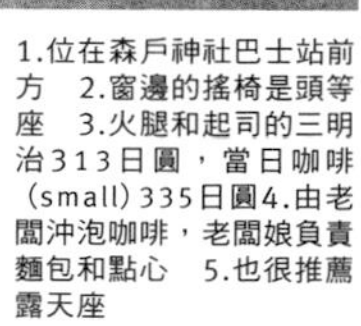

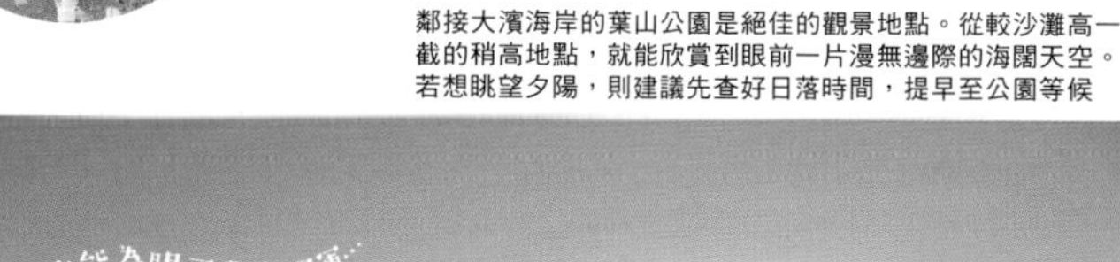

鄰接大濱海岸的葉山公園是絕佳的觀景地點。從較沙灘高一截的稍高地點，就能欣賞到眼前一片漫無邊際的海闊天空。若想眺望夕陽，則建議先查好日落時間，提早至公園等候

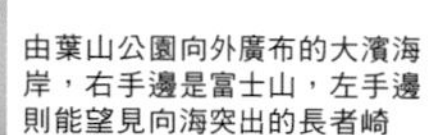

由葉山公園向外廣布的大濱海岸，右手邊是富士山，左手邊則能望見向海突出的長者崎

川越的巷弄探索

靜靜感受慢活時光

距離熱鬧大街僅有一路之隔的巷弄內還珍惜的保存著留有大正～昭和初期風貌的洋式建築及韻味猶存的日式古屋。不妨來到與一般為人所熟知的「小江戶川越」有些不同、更顯成熟風情的川越，展開一趟愜意漫遊。

1.教會的內部　2.依據禮拜堂的構造及空間，將管風琴設計成最能奏出優美樂聲的形式　3.燒製顏色略顯不同的磚塊洋溢濃濃風情

Access
池袋站搭乘東武東上線
至川越站約40分

復古的禮拜堂

飄散著沉穩氣息 採傳統設計的禮拜堂

以屋頂稍微突出的尖頭拱形縱長窗為特色的建築，就是川越基督教會的禮拜堂。列入日本的登錄有形文化財和川越市的都市景觀重要建築物，也是川越市內最古老的磚造建築。

用於禮拜和結婚典禮的管風琴，每年還會舉辦以風琴為主的音樂會

在沒有舉辦婚禮和喪禮等儀式時，便可入內參觀禮拜堂。

自明治時代在川越這片土地開始傳道，川越基督教會已經走過130多年的歷史。最早的禮拜堂在1893（明治26）年的川越大火中焚毀，建造出如今的禮拜堂則是在1921（大正10）年，設計出自於曾為立教大學打造過禮拜堂的威廉・威爾森之手。設有祭壇等的禮拜堂內部是遵循基督教的傳統所建，堂內整體以諾亞方舟的概念為構造，抬頭仰望宛如船底的天花板設計便能一目瞭然。

象徵三位一體之神的三葉草圖形，散布在祭壇和長椅、天花板等處，相當可愛。此外，掛在祭壇上的布條、垂掛於祭壇旁的綠色布幕，則會隨著季節和活動更換成紫色或紅色、白色等色彩。

沉浸在禮拜堂肅然氣氛中度過幽靜的時光，將是平常鮮少感受到的奇妙體驗，不妨安排來這裡走走。

川越基督教會

かわごえキリストきょうかい

☎ 049-222-1429 ⌂埼玉県川越市松江町2-4-13 ⏲7:00～17:00 休無休 ¥免費 P有 JR、東武東上線川越站搭乘東武巴士約10分，仲町站下車，步行2分／西武新宿線本川越站步行15分

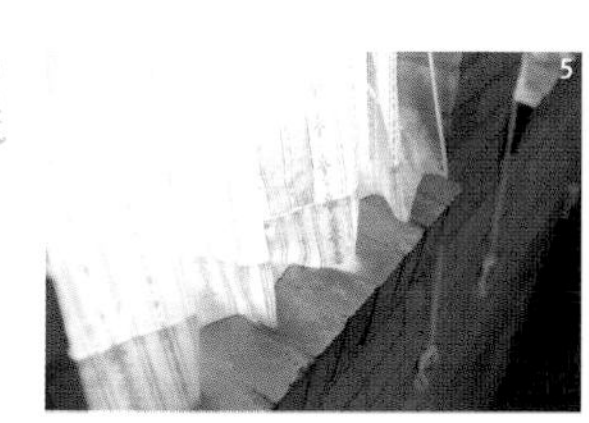

4.天氣晴朗的日落時，夕陽會從禮拜堂後方的窗戶照射進來而呈現夢幻氛圍　5.平時會關上燈光，由窗戶透進來的光線靜靜地照亮禮拜堂

1.彩繪玻璃的配置時尚味十足，店內會隨著外頭的光線而染上各式色彩　2.以太陽為設計靈感的半圓形窗　3.由不同花紋的玻璃組合而成的隔間門4.2樓是和洋融合的和式桌席，作為預約席使用

西洋氛圍中享用午餐

以太陽為設計理念的懷古摩登風西洋餐廳

淡粉紅色的外牆搭配溫和色系的彩繪玻璃，若在散步途中經過便會忍不住停下腳步欣賞的可愛建築物，是自從1922（大正11）年創業以來，在這片土地上作為西洋餐廳而廣受喜愛的太陽軒。據傳是在1929（昭和4）年所興建，這棟木造灰泥牆兩層樓建築的洋樓是融入裝飾藝術樣式的新穎建築物。歷經修復原本設計及因應時代所做的改裝之下，太陽軒備受呵護地保存至今。

一進到用午餐的1樓餐廳空間，會發現店內更具魅力。從彩繪玻璃照射進來的陽光，會因季節與時段而有萬象繽紛的色彩變化，燈光和門扉上的裝飾也既獨特又優美，不知不覺便會沉醉於大正浪漫氛圍的復古世界。

能一次飽嘗太陽軒多種風味的大正浪漫洋食套餐2052日圓，菜色可能有所調整

モダン亭 太陽軒
もだんていたいようけん

☎049-222-0259 埼玉県川越市元町1-1-23 11:00～15:00、17:00～21:00
休 週一（逢假日則營業） P 10輛
JR、東武東上線川越站搭乘經由市役所前的各線巴士8分（西武新宿線本川越站出發則5分），市役所前站下車即到

和風摩登的隱密咖啡廳

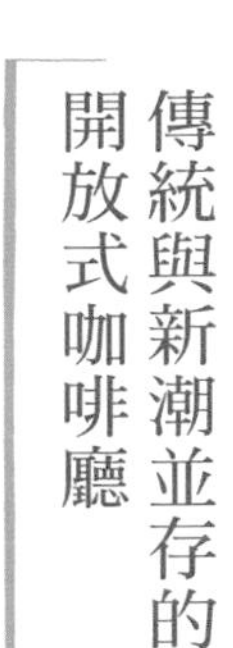

傳統與新潮並存的開放式咖啡廳

將明治元年創業、擁有悠久歷史的料亭改裝成結合咖啡廳、餐廳甚至能舉辦婚禮的複合設施「HATSUNEYA GARDEN」，於2013年重新開幕。這間店不僅受封為川越市重要建築物，更繼承了明治時期建築的高雅格調，並同時集摩登氣息於一身。

這家面朝靜謐巷弄的開放式咖啡廳，是能讓人忘卻大馬路喧擾的舒適愜意空間。無論是選擇坐在能自在放鬆的室內沙發座，或是陽光普照的露台座，都能盡情品味最高級的咖啡時光。菜色有咖啡、紅茶等飲品，以及專屬甜點師傅所製作的蛋糕和甜點。散步途中的休憩享受，最適合來杯有著綿柔奶泡而口感溫和的抹茶拿鐵。

HATSUNEYA GARDEN
THE CAFÉ
ハツネヤガーデン ザカフェ

☎049-222-2300
埼玉県川越市元町1-9-8
11:00～17:30 休不定休
P無 JR、東武東上線川越站搭乘經由蔵のまち的各線巴士10分(西武新宿線本川越站出發則7分)，札の辻站下車，步行3分

1.位於2樓的宴會廳，明亮光線從能夠俯瞰中庭的窗戶照射進來　2.風味溫和濃醇的抹茶拿鐵600日圓，使用河越抹茶。以稍大的杯子盛裝這點十分窩心

3.設計採留有歷史風貌的優質木材，中庭的自然景觀帶來溫馨感受
4.雅致的內裝

庭院美景隨著四季更迭的老字號料亭

為避開土藏造店家櫛次鱗比、人潮洶湧的一番街，而彎進小巷沒幾步路，便能看見綠意環繞的老屋。這裡曾經是川越的傳奇性富商——橫田五郎兵衛的別墅舊址，在明治初期由經營外燴的山屋首任老闆接下這棟別墅，而變成了如今的料亭山屋。

走進玄關，便踏入了保有江戶風情的和風世界。細心照料的中庭，由寬闊的緣廊和延伸至別屋的長長走廊所包圍。曾接待過無數賓客的貴賓館，內部還保留往昔風光，富有歷史痕跡的天花板、欄間以及家具的擺設，讓人無不著迷。

雖然這裡是高級的料亭，平日也會推出價格較親民的午餐，是一間想度過特別時光時可造訪的餐廳。

1.能一覽中庭的2樓主廳，可在自然光灑落的舒適空間享受奢華的午餐時刻　2.平日午間限定的竹籠便當1620日圓　3.搭配自製梅酒的女性聚會套餐3500日圓，超過3名需預約

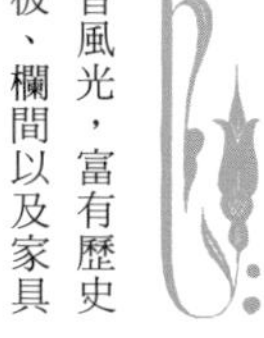

面向中庭的接待室，隨著季節變化，庭院的景觀和房間的陳設也會截然不同

群木圍繞的隱密韻味，遠離日常的奢侈時光就在大門後等著您

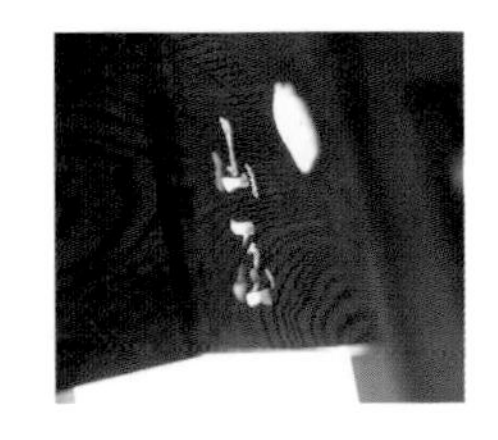

料亭 山屋 りょうていやまや

☎ 049-224-0048 埼玉県川越市幸町11-2 🕒 11:30～21:30(L.O.19:30) 休 每月4～5次不定休 🅿 有 JR、東武東上線川越站搭乘經由蔵のまち的各線巴士12分(西武新宿線本川越站出發則6分)，一番街站下車即到

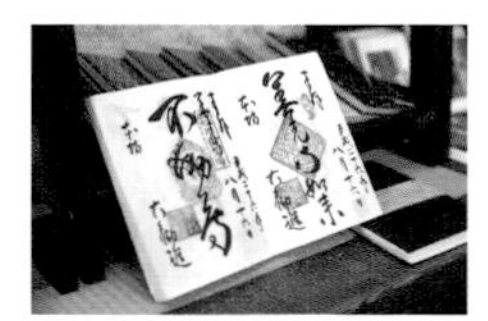
黑墨和朱印格外搶眼的手漉和紙朱印帳，還可以增加書頁

川越的旅遊書縮小成迷你版線裝書，裡頭一樣有內容喔

集章本330日圓，散步前先買好來搜集印章更好玩

能一圓小小任性願望的製書所

位在觀光設施「小江戶藏里」對面，洋溢著懷舊風情的古民宅，是一間小小的製書所。這裡是一間可因應下單的顧客要求，1本以上即可做成書本的店家。從線裝書和列帖裝等日本傳統的製書方式到機械裝，無論是書本也好，或是記事本和筆記本、相簿等，只要是製書技術能派上用場的要求，都能與店家商量。甚至還有人委託店家運用長年擺在衣櫃深處但充滿回憶的和服布料，做成書本封面。

這裡不但提供獨創的便條紙和集章本，也販售使用和紙製作的商品，彙集川越的觀光資訊或妖怪傳說的袖珍書也是推薦伴手禮。和紙的圖案十分可愛，讓人每一種都好想帶回家。

水上製本所
みずかみせいほんしょ

☎049-226-3452 ⌂埼玉県川越市新富町1-4-4 ⏲週六日、假日9:30～17:00，週一、四12:30～17:00 休週二、三、五 P無 ‼西武新宿線本川越站步行3分

在古民宅買伴手禮

輕巧又頗具耐久性的和紙很適合拿來做紀錄

1.將列入都市景觀重要建築物且有玄關土間的肥料店直接留存下來的店面　2.每一本都由手工製作完成　3.可360度展開的實用小記事本

距離新宿約1小時車程的名勝景點

高尾山的週末健行

從東京都中心搭電車約1小時即到的高尾山，是榮登米其林指南三星推薦的熱門景點，何不隨興出發，前往那能飽覽四季流轉而景觀壯麗的鄰近山區？

在興致一來就能立刻前往的高山來趟森林浴健行

海拔599m的高尾山是不分國界深受遊客喜愛的山脈，由於這裡有設備完善的地軌式纜車及吊椅，可以輕鬆享受遊山趣。還有山藥泥蕎麥麵、滑菇味噌湯等這裡才吃得到的當地美食也極具吸引力。

半山腰則有因能量景點而名聞遐邇的藥王院，可以來求學業進步或良緣的保佑。山腳下的美食景點和溫泉、博物館等下山後的樂趣也不勝枚舉。

生機勃勃的藥王院境內，鮮紅色的鳥居在一片綠意中更加耀眼

搭上吊椅，高尾山的大自然彷彿觸手可及，從山腳約12分鐘可到山腰，搭乘時請將背包揹在身前

從山腳的清瀧站到山腰的高尾山站所需時間6分鐘，登山纜車所在的陡坡有31.18度是日本第一陡

位在登山纜車高尾山站附近的十一丁目茶屋，可在一片絕景的露台大啖剛做好的熱騰騰糰子

路線多元繽紛 重遊數次一樣好玩

設有1號路～6號路、稻荷山路線等多條通往山頂的登山步道，高尾山讓人無論造訪幾遍也不厭倦。如果是初次來訪，可以走藥王院參道的1號路邁向山頂，想感受登山風情的話則推薦稻荷山路線。山頂和沿途的參拜道路上有多間茶屋，能沿路品嘗美食也是高尾山特有的樂趣。

無論哪條路線都有清楚標示，不用擔心會迷路

從山頂能遠望雄偉的富士山和南阿爾卑斯山的群峰

在茶屋發現的知名高尾美食

D **天狗糰子套餐 650日圓～**
點餐後現烤的糰子口感Q彈，能坐在景觀優美的露台座享用

C **滑菇味噌湯 350日圓**
能品嘗每家茶屋各擁獨特風味的高尾名產滑菇味噌湯

B **力霜淇淋 350日圓**
添加獨創葡萄醋「權現力」的酸甜滋味霜淇淋

A **天狗燒 140日圓**
包入滿滿大顆黑豆餡的人氣美食，天狗的神情也十分可愛

D 十一丁目茶屋
じゅういっちょうめちゃや

☎0426-61-3025
東京都八王子市高尾町2179
10:30～15:45
登山纜車高尾山站即到

C 細田屋
ほそだや

☎0426-59-2646
東京都八王子市南浅川町4225
10:00～15:00
高尾山山頂步行10分

B 喫茶小坊 一福
きっさこぼういっぷく

☎0426-61-1115(高尾山藥王院)
東京都八王子市高尾町2177高尾山藥王院寺內
10:30～15:00(視時期延長)
登山纜車高尾山站步行20分

A 売店 香住
ばいてんかすみ

☎042-665-1808
東京都八王子市高尾町2205
9:00～15:00(售完打烊)
登山纜車高尾山站旁

品嘗蔬食料理
祈求保佑之行

前往靈驗神準的高尾山藥王院

天狗信仰盛行的能量景點寶庫

自江戶時代起便被奉為信仰之靈山而吸引許多參拜者造訪的高尾山上，有關東三大本山之一的「高尾山藥王院」坐鎮。境內供奉著據稱能帶來好運的天狗像，還設有求學業進步及良緣等各式各樣的靈驗景點。此外，在自古以來有修行者來此苦修的藥王院內，能一嘗完全不使用動物性食材、僅以當令蔬菜烹製的養生蔬食料理。

大本山高尾山藥王院
だいほんざんたかおさんやくおういん

☎042-661-1115
⌂東京都八王子市高尾町2177
🕘9:00～16:00
‼登山纜車高尾山站步行20分

佈滿精緻雕刻的鮮豔華麗神社建築，供奉著飯繩大權現

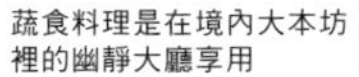

蔬食料理是在境內大本坊裡的幽靜大廳享用

從小盤菜餚到甜點約擺上10道菜的天狗膳（2800日圓）

寂靜籠罩的大本坊客殿

成就諸多願望的本堂

⑤大本堂 だいほんどう

祈求時要念誦「南無飯綱大權現」，也別忘了報上自己的姓名和地址。

在許願的同時穿過圓環

③穿過圓願圓環

ねがいかなうわくぐり

一面在心中祈禱願望實現並穿過圓願圓環後，再敲響設於後方的巨大錫杖。

I 號路 MAP

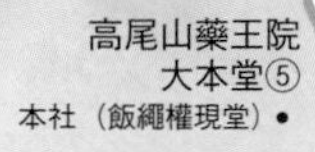
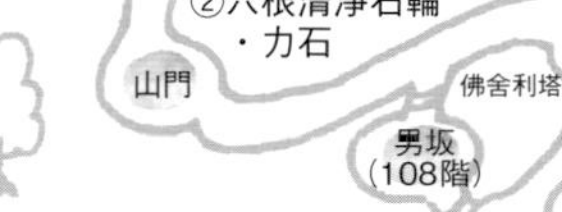

樹齡450年的老樹

①章魚杉 たこすぎ

樹齡約有450年的老樹「章魚杉」。據說只要摸摸佇立在旁邊的開運章魚像後敬拜，就能帶來好運。

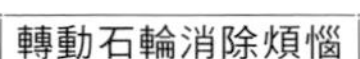

轉動石輪消除煩惱

②六根清淨石輪

ろっこんしょうじょういしぐるま

在境內以外超過20處的地方設有石碑，只要邊念誦六根清淨邊轉動石輪，據說就能一掃煩惱。

提升財運有保庇

④八大龍王堂

はちだいりゅうおうどう

只要用堂內的聖水清洗錢幣就能保佑提升財運。洗過的錢幣要隨身攜帶。

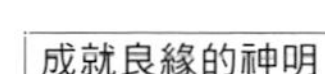

成就良緣的神明

⑥愛染堂 あいぜんどう

供奉成就良緣之神明的愛染堂。只要綁上結緣御守的紅繩並默念願望，或許就能成就戀愛心願。

可以在境內買到的結緣御守400日圓

一起來索取朱印吧

攀登高尾山時別忘了帶上自己的朱印帳

由於藥王院也能索取朱印，有在蒐集的人記得攜帶朱印帳來，當然也可以在此購買高尾山獨特設計的朱印帳。

＼砰／

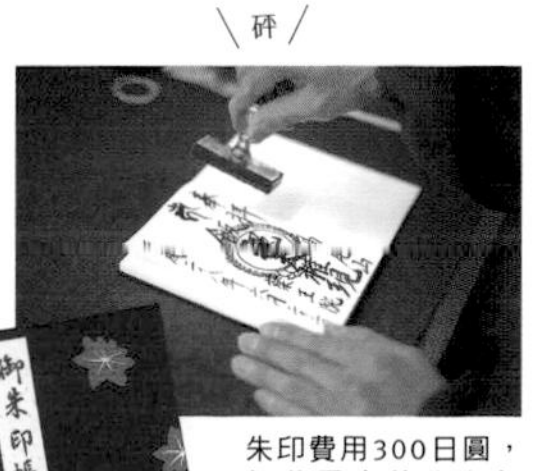

朱印費用300日圓，紅葉圖案的朱印帳1600日圓

下山後想去逛逛

山腳下的順路景點

ふたこぶ食堂
パンと喫茶 チチ
JR 中央本線
高尾站
國道20號
京王線
Café TOUMAI
京王高尾山溫泉／極樂湯
FuMoToYa、高橋家
高尾山口站
むぎとろつたや
TAKAO 599 MUSEUM

老字號蕎麥麵店和伴手禮店櫛次鱗比的高尾山麓，車站周邊也有獨具個性的咖啡廳，就來順道坐坐再回去吧。

能認識高尾的自然環境

使用壓克力樹脂的標本來展示季節花卉等

立體光雕投影獨具巧思

在「高尾599博物館」內，運用了標本和立體光雕投影等獨特方式來展示出高尾山豐富的生態系。博物館的限定商品也很適合當伴手禮。

1.在草坪上野餐好像也不錯　2.立體光雕投影約8分鐘長

TAKAO 599 MUSEUM
タカオ599ミュージアム
☎042-665-6688 ⌂東京都八王子市高尾町2435-3 ⏲4～11月 8:00～17:00(最後入館16:30)、12～3月8:00～16:00(最後入館15:30) 休無休(會因設備維修而臨時休館) ¥免費 P無 ‼京王線高尾山口站步行4分

3.以白色為基調，明亮的599CAFE　4.以虹吸式沖泡的高尾咖啡特調400日圓

來舒緩登山的疲勞吧

露天岩石浴池設有熱泉與暖泉

高尾山口站旁的天然溫泉

位於高尾山口站旁的「京王高尾山溫泉／極樂湯」，備有微氣泡的檜木浴池和露天碳酸泉石頭浴池等7種浴池，能藉由從地下約1000m湧現的天然溫泉來消除登山的疲憊。

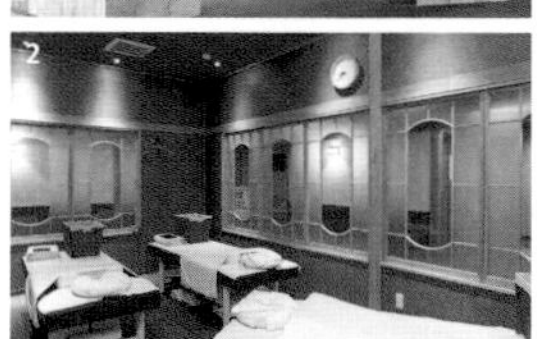

1.就位在車站剪票口旁，有通往溫泉的專用通道　2.館內的按摩處頗受登山客好評

京王高尾山溫泉／極樂湯
けいおうたかおさんおんせんごくらくゆ
☎042-663-4126
⌂東京都八王子市高尾町2229-7
⏲8:00～23:00(最後入場22:00) 休不定休 P有
‼京王線高尾山口站旁

3.館內還有空間寬敞的餐廳
4.徹底融入周邊洋溢大自然景致的和風建築

異國風情的私房咖啡廳

由周遊多國的旅行家兼攝影散文家的老闆將自家改建成洋溢異國風味的獨棟咖啡廳，辣味的印度咖哩深獲好評，附設宛如秘密基地般的旅宿。

盛上冰淇淋的熱法式抹醬吐司650日圓

Café TOUMAI

カフェトゥーマイ

☎042-667-1424
住 東京都八王子市館町657
時 11:30～22:00(L.O.21:00) 休 週一 P 有
交 上館巴士站步行3分

在韻味十足的店內品嘗優質的山藥泥蕎麥麵

位在登山纜車清瀧站前，創業於天保年間(1830～1844)的老店，將大和山藥及長山藥以同比例混合，呈現出恰到好處黏性的山藥泥和風味的山藥泥蕎麥麵享負盛名。

山藥泥蕎麥麵有溫蕎麥和冷蕎麥可選，兩種都是950日圓，圖示為溫蕎麥

高尾山 髙橋家

たかおさんたかはしや

☎042-661-0010
住 東京都八王子市高尾町2209 時 10:00～17:30
休 無休(7月下旬～8月上旬、12月中旬～下旬、2月下旬～3月上旬有5天公休) P 有
交 京王線高尾山口站步行3分

吃得到南國氣息的聖代

JR高尾站附近的「ふたこぶ食堂」是由擁有甜美笑容的老闆娘所妥善經營的小小咖啡廳。在老闆親自改裝而氣氛溫馨的空間內，能品嘗無國界料理和甜點。

椰子與芭樂的聖代900日圓

ふたこぶ食堂

ふたこぶしょくどう

☎非公開
住 東京都八王子市廿里町21-4
時 週一～三11:00～17:00，週五～六11:00～15:30、18:00～22:30
休 週四、日 P 無
交 JR高尾站步行3分

享受名產山藥泥披薩和足湯

鄰接高尾山口站的「FuMotoYa」是備有足湯的義式餐廳，只要在此用餐就能免費泡足湯。約有10種口味的義式冰淇淋(400日圓～)也很好吃。

「山藥泥披薩」(1600日圓)，半熟蛋與起司、山藥泥的口味絕配

FuMotoYa

フモトヤ

☎042-667-7568
住 東京都八王子市高尾町2241 時 平日11:00～16:45，週六日、假日10:00～17:45，泡足湯平日最多30分鐘，週六日、假日最多20分鐘 休 無休
P 無
交 京王線高尾山口站旁

以厚削柴魚片製成的濃郁高湯

位在登山纜車高尾山站前的參拜道路上，吃得到較粗而有嚼勁的農村風手打蕎麥麵。將黏性強的大和山藥以鰹魚高湯稀釋的山藥泥湯廣受好評。

高尾山著名的山藥泥蕎麥麵950日圓。山藥泥麥飯與蕎麥麵的套餐「むぎとろ膳」1500日圓也很受歡迎

むぎとろつたや

☎042-661-2427
住 東京都八王子市高尾町2466
時 11:00～16:00(週六日、假日～17:00)
休 不定休 P 有
交 京王線高尾山口站步行3分

天然酵母麵包美味絕倫的週末咖啡廳

將自家一室改裝而成的小小麵包店兼咖啡廳。以小麥麵粉酵母製作的簡樸麵包，麵粉的美味在口中擴散，是越嚼越香的樸實好滋味。

供應大顆圓麵包300日圓和小顆圓麵包80日圓等，隨時備有5～6種

パンと喫茶 チチ

パンときっさチチ

☎042-657-2874
住 東京都八王子市高尾町1730-2
時 約9:00～約20:00
休 週一～五 P 無
交 JR高尾站步行7分

前往長瀞 一嘗流水麵

清涼美味至極的夏日體驗

有優美清泉流過的埼玉長瀞，
不妨以品嘗夏季風情畫「流水麵」為出遊目的，
來此留下難忘的絕佳回憶吧？
稍微走遠一點來到長瀞，似乎能感受不同於平時的氣氛。
一同在清幽的空氣中，盡享成熟韻味的假期。

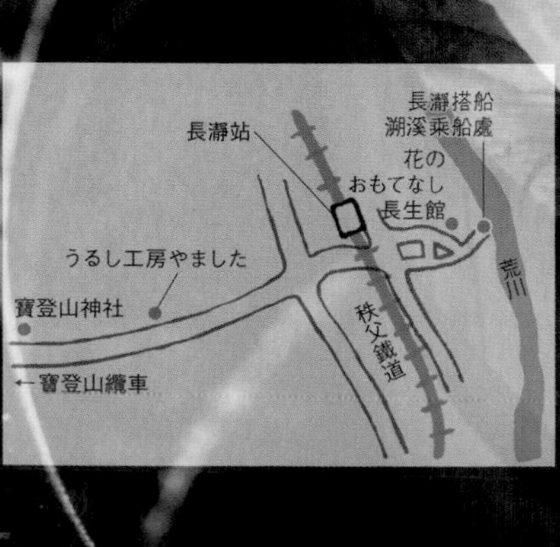

長瀞站
長瀞搭船
湖溪乗船處
花の
おもてなし
長生館
うるし工房やました
寶登山神社
荒川
秩父鐵道
←寶登山纜車

Access
東京站搭乘
JR上野東京線、
秩父鐵道到長瀞站
約2小時

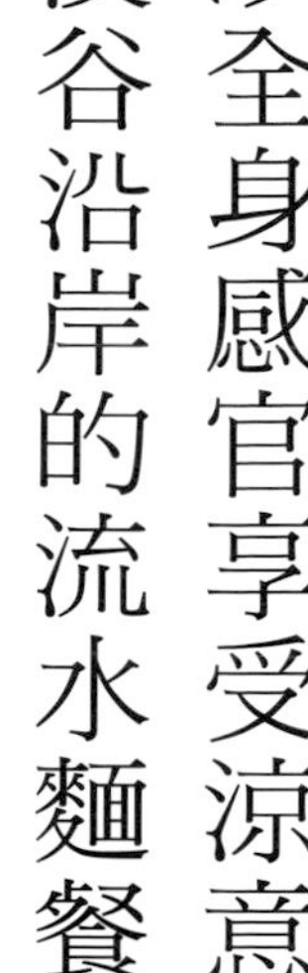

以全身感官享受涼意 溪谷沿岸的流水麵餐廳

眼前也有看起來相當涼爽的荒川溪流，為流水麵更添清涼感

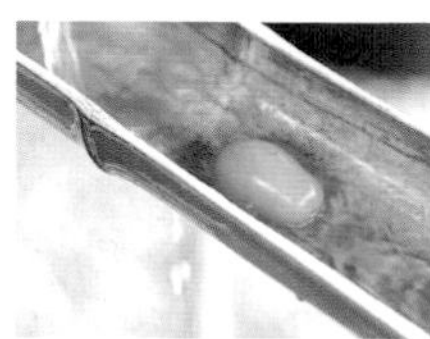

當地農家採收的小番茄也會作為甜點流放下來

吹拂而過的河風舒適怡人，綠意盎然的流水麵餐廳。麵採吃到飽制，可盡情享用

花のおもてなし 長生館

はなのおもてなしちょうせいかん

☎0494-66-1113

埼玉県長瀞町長瀞449 流水麵餐廳11:00～15:00（僅限5～9月的週六日、假日營業，暑假期間無休）

P有 秩父鐵道長瀞站步行3分

十分順喉的麵條。流水麵1000日圓即可享用，無時間限制

流しそうめん

天然涼意盈滿身心的奢華好時光

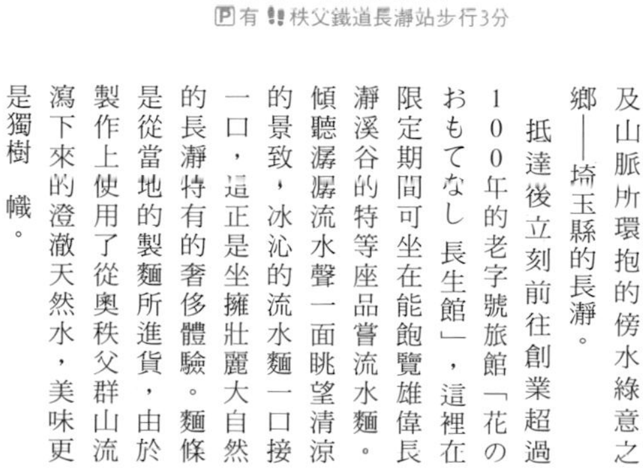

從東京都內搭乘電車搖搖晃晃約2小時，為了能在大自然中享用流水麵而走訪的地點，就是被荒川的清流和蓊鬱森林及山脈所環抱的傍水綠意之鄉——埼玉縣的長瀞。

抵達後立刻前往創業超過100年的老字號旅館「花のおもてなし 長生館」，這裡在限定期間可坐在能飽覽雄偉長瀞溪谷的特等座品嘗流水麵。傾聽潺潺流水聲一面眺望清涼的景致，冰沁的流水麵一口接一口，這正是坐擁壯麗大自然的長瀞特有的奢侈體驗。麵條是從當地的製麵所進貨，由於製作上使用了從奧秩父群山流瀉下來的澄澈天然水，美味更是獨樹一幟。

在荒川能體驗泛舟和獨木舟、溯溪等五花八門的水上活動

在大自然的環抱下 悠然地在流水與綠意間休憩

1.寬闊的河床上可看見孩子們在水邊戲水的模樣　2.由於長瀞位在荒川的上游，河水極為透明，望著望著便感到放鬆

在涼爽河邊自在放鬆 藉森林浴恢復活力

品嘗過流水麵以後，就到周遭散散步吧。若提到長瀞的象徵，絕對是荒川悠悠流過的長瀞溪谷。據說是由意指河流平穩的"瀞"字，加上這一條河源遠流長，因而成為「長瀞」的地名由來。在涼爽的河岸樹蔭下坐下，一面眺望那緩緩溪

聳立於寶登山山腳下的寶登山神社（P.36）鳥居，瀰漫著神聖的氣息

由於這裡的河流平穩悠長，也能放心挑戰可貼近河水的各種水上活動

寶登山神社的神符品「緣起扇」，能保佑財運、家庭美滿及避免火災等

從長瀞站一路綿延的復古氛圍商店街，沿途吃遍美食一面散步也是一大樂事

可以將長瀞一覽無遺

壯闊的景致在眼前展開的寶登山頂，山頂一帶還有隨四季變化的花卉令人大飽眼福

搭乘寶登山纜車通往海拔約497m的寶登山頂，享受空中漫步，從高空一覽群山全景

喵～

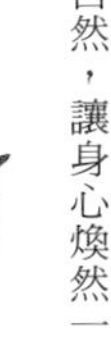

寶登山纜車
ほどさんロープウェイ

☎0494-66-0258 埼玉県長瀞町長瀞1766-1 9:40～17:00（視時期有所調整）¥單程480日圓，來回820日圓 休無休（會因定期安檢而停駛）P有 秩父鐵道長瀞站步行20分

流、看著泛舟的船隻流過，便會感受到心情逐漸變得開闊。

除了在水邊乘涼之外，能悠閒享受森林浴也是長瀞的一大魅力。讓我們揮別荒川，朝綠意蔥蔥的寶登山前進，搭乘空中纜車約5分鐘可達山頂。將長瀞的街景和遠在天邊的綿延山脈一覽無遺，大口吸進澄澈空氣，令人神清氣爽。坐鎮於寶登山腳下的寶登山神社、使用長瀞天然水製作的甜點也不容錯過。不妨前來親近豐沛大自然，讓身心煥然一新吧。

佇立於寶登山腳的古神社
靜謐光陰流淌

以寶登山蔥鬱綠意為背景所興建，別具韻味的本殿，自古以來被奉為防止火災的神社

寶登山神社
ほどさんじんじゃ
☎0494-66-0084
埼玉県長瀞町長瀞1828
9:00～16:30 休無休 P有
秩父鐵道長瀞站步行15分

赴本殿參拜前必須在手水舍洗手淨身，水冰涼得很舒服

妝點本殿的豔麗孔雀雕刻與中國神話相關的生物等，表情被雕刻得栩栩如生

1.配色繽紛的神籤
2.掛滿許多承載了參拜者心願的繪馬，吉祥的小槌形狀很受歡迎

因有著「登上寶藏山」的吉利名稱，或許可期待它帶來的金錢運等好運喔

大自然力量洗滌身心 徹底吸收神聖能量

聳立在寶登山腳下的寶登山神殿，據信擁有超過1900年的歷史。只要穿過鳥居踏進境內一步，籠罩在四周的草木便會遮去陽光，空氣瞬間涼爽起來。在凜然的氣氛圍繞下，越是一步步爬上通往本殿的石階，心境也跟著漸漸沉著下來。妝點本殿的是色彩鮮豔的無數雕刻，華麗的用色讓人不禁駐足欣賞。參拜過本殿以後，就前往供奉水之神明的水神社。據說從此流出的御神水是寶登山的湧泉，只要輕輕伸手一碰，彷彿就能獲得一些長瀞的大自然能量。

從水神社流出的御神水是寶登山的湧泉，可以裝回家

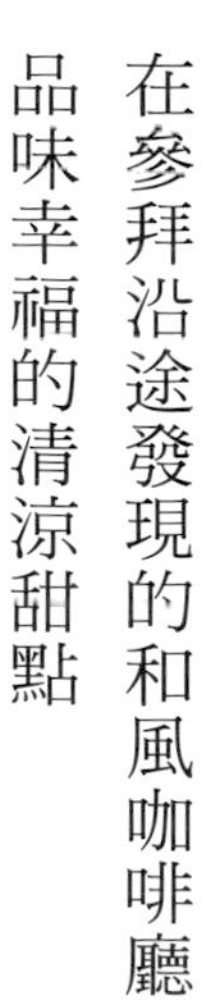

在參拜沿途發現的和風咖啡廳 品味幸福的清涼甜點

散發和風摩登味道的店內，讓人想一邊欣賞展示的工藝品，沉浸在緩慢的時光中

還能吃到使用阿左美冷藏的天然冰刨成的綿柔刨冰，最受歡迎的是宇治金時918日圓，由十勝紅豆製作的紅豆餡也有加進刨冰裡頭

盡情吟味 手工甜點和工藝品

我們在寶登山神社的參拜道路上發現一家迷人的藝廊咖啡廳，「うるし工房 やました」是由身兼漆器工藝家的老闆在1988（昭和63）年所開設。可以在漆器工藝和陶器、燈具等藝術家作品的圍繞下，度過平和恬淡的午茶時光。

所有甜點皆由店家自製，炎熱季節首推「冰涼蕨餅」，將冰鎮過的蕨餅切成薄片後，蕨餅會浮在冰水上，屬視覺上也很清涼的一道甜品，請淋上黑糖細細品嘗。沁涼、彈牙的口感與醇厚的甜味讓人忍不住露出幸福笑容。

能感受大自然的露天座，與周遭綠意互相輝映的大紅和傘更顯別緻風情

冰涼蕨餅480日圓，使用為了增加黏性而摻入蓮藕粉的純正蕨粉

由母親、妻子、女兒與老闆一家三代所經營，店內的燈具是女兒的作品

うるし工房 やました
うるしこうぼうやました

☎0494-66-3175
⌂埼玉県長瀞町長瀞727-1
⏰10:00～18:00 休 不定休
P 有 ‼秩父鐵道長瀞站步行10分

尋訪日本的葡萄酒起源地

品味葡萄酒及葡萄的勝沼之旅

所見之處一片葡萄園廣布日本產葡萄酒的知名產地

勝沼是日本的葡萄栽種及葡萄酒的起源地，周遭盡是彷彿要將平緩丘陵給全面覆蓋住的一大片葡萄園，有大大小小約70間釀酒廠散布其中。附近更有酒廠直營的餐廳等店家，能夠大啖適合搭配葡萄酒的菜餚，盡享餐點與葡萄酒的絕妙搭配。不擅長喝酒的話，則推薦體驗摘葡萄，現採的美味令人感動。

使用曾用於奧地利古城的磚塊所建造的酒窖

白色建築與棚架帶來涼意的外觀，棚架上葡萄藤蔓纏繞

可嘗試葡萄酒的裝瓶和製作酒標的體驗行程約需1小時

8～10月還會舉辦踩葡萄體驗

透過手工酒標製作獨創葡萄酒

Ⓐ L'ORIENT WINE 白百合釀造

ロリアンワインしらゆりじょうぞう

除了以淺顯易懂的方式解說從準備原料到釀造、儲藏相關知識的工廠參觀以外，還能參加自創酒標製作和裝瓶體驗1950日圓（需預約），務必讓參訪酒廠成為美好回憶。

☎0553-44-3131
山梨県甲州市勝沼町等々力878-2
9:00～17:00 休9月的葡萄酒祭（需確認）¥免費參觀
P有 等々力公民館前巴士站步行5分

勝沼甲州（白‧720㎖）1836日圓，清爽中帶有深厚風味

徹底發揮葡萄特性的製酒技術

Ⓓ KURAMBON WINE くらむぼんワイン

設有試飲室及葡萄酒資料室，屋齡超過100年的主屋讓人體會到悠長歷史的酒廠。使用勝沼產甲州品種釀造出每年數量有限的四季等酒款，凸顯葡萄風味的葡萄酒頗受好評。

☎0553-44-0111
山梨県甲州市勝沼町下岩崎835
9:00～17:00
休無休 ¥免費參觀 P有
図書館·文化館巴士站步行3分

四季（白·720mℓ）2120日圓，微微飄散出柑橘系香氣和橡樹的芬芳

將散發歷史情懷的日本住宅主屋作為葡萄酒沙龍

歷史悠久的體驗型酒廠

Ⓑ Château Mercian シャトー・メルシャン

前身為日本首家民營葡萄酒公司「大日本山梨葡萄酒會社」，是日本葡萄酒界的先鋒。在遼闊的腹地上有咖啡廳和商店、資料館等設施，也有舉辦參觀行程。

☎0553-44-1011 山梨県甲州市勝沼町下岩崎1425-1 9:30～16:30 休週二(逢假日則翌日休) ¥免費參觀，有付費導覽 P有 ワイン村河川公園前巴士站即到

收獲前的8月左右，可以參觀各式各樣品種的葡萄樹

Château Mercian 穗坂貝利A葡萄（紅·750mℓ）參考零售價3260日圓，有著深奧且優質的滋味

創業120多年的老店

Ⓒ 丸藤葡萄酒工業 まるふじぶどうしゅこうぎょう

因Rubaiyat的品牌而著稱，主要由第四代的大村春夫掌管，持續採用圍籬式的栽種方式和甲州品種的酒渣陳釀製等通用於全世界的葡萄酒製法。

☎0553-44-0043 甲州市勝沼町藤井780 9:00～16:30 休無休(1～3月的週六日、假日僅商店營業) ¥免費參觀，有付費導覽(約10位，需事先報名，提供葡萄園、酒廠參觀及6種試飲，費用及行程可洽談) P有 釈迦堂入口巴士站即到

Rubaiyat甲州酒渣陳釀（白·720mℓ）1944日圓，與所有的日本料理都非常對味

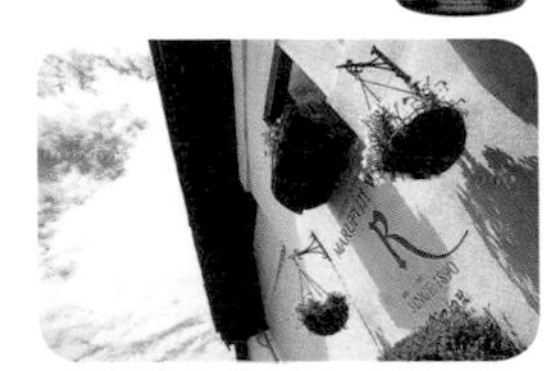

從倉庫改建來的釀造所白牆上印有商標的「R」字

持續守護甲州葡萄酒的傳統

Ⓔ 蒼龍葡萄酒 そうりゅうぶどうしゅ

1899（明治32）年創業的老字號酒廠，採用之葡萄栽種於排水性佳的田地，釀造出100%勝沼產甲州品種的葡萄酒「勝沼的甲州」，更曾獲得漫畫《美味大挑戰》所介紹。

☎0553-44-0026 山梨県甲州市勝沼町下岩崎1841 9:00～17:00 休週日、假日(商店無休) ¥免費參觀 阿部医院前巴士站步行5分

普羅旺斯風格的外觀令人印象深刻

勝沼的甲州（白·720mℓ）1728日圓，以木桶熟成，口味較為醇厚的酒與日本料理十分相稱

日本現存最古老的酒廠

Ⓕ Marquis Winery まるき葡萄酒

由明治時代赴法學習葡萄酒釀造技術的日本葡萄酒先驅─土屋龍憲所創立。他們在葡萄園內放牧羊隻，於大自然的循環中耕種田地、製造葡萄酒。

☎0553-44-1005 山梨県甲州市勝沼町下岩崎2488 8:30～17:00 休無休 ¥免費參觀 祝8区西組巴士站步行即到

RAISON甲州（白·750mℓ）3780日圓，味道偏澀而餘韻清爽

掛在商店牆上的古老看板，訴說著明治時代以來的淵遠歷史

鹽山站
中央本線
東山梨站
ワインカフェ古壺
島村農園
荻原水果農園
丸山水果農園
見晴千果園
早川農園
葡萄畑
勝沼葡萄郷站
一古園
勝沼葡萄公園
原茂葡萄酒 Casa da Noma
L'ORIENT WINE 白百合醸造
Ⓑ Château Mercian
蒼龍葡萄酒Ⓔ
WINERY RESTAURANT Zelkova
KURAMBON Ⓓ WINE
レストランテ風
Ⓕ Marquis Winery
Ⓒ 丸藤葡萄酒工業
勝沼 bypass
中央自動車道

在酒廠餐廳品嘗葡萄酒及菜餚

眺望大片葡萄園，一面享用這片土地的當季食材

單盤料理「佐麵包的主廚推薦早午餐」1895日圓，餐盤上擺滿當令蔬菜和香腸、麵包

1.季節性甜點有黑胡椒起司蛋糕佐柿乾648日圓等約3種可選　2.雅致的咖啡廳內部，寬大而穩固的樑柱展現歷史韻味　3.位在Casa da Noma樓下的酒窖提供自家葡萄酒的試飲及販售

欣賞著葡萄園景觀 一面愜意享受週末早午餐

搭配甲州產葡萄酒一同享用的午餐時光是此行的目的之一。在俯瞰廣布於眼前的葡萄園之際，一邊品嘗將當地食材入菜的菜餚，即使是同樣的葡萄酒也會神奇地變得更加美味。

眾多餐廳之中最受歡迎的便是由原茂葡萄酒所直營的「Casa da Noma」，就在洋溢歷史情懷的店內，細細品味山梨的代表性品種「甲州」的白葡萄酒吧。

改建自屋齡130多年的老倉庫

Casa da Noma

カーサ・ダ・ノーマ

由創業於1924年的原茂葡萄酒所直營的咖啡廳。將屋齡130年的別緻主屋改造而成的店內，吃得到向鄰近農家直接採買的有機蔬菜、從當地麵包店進貨的天然酵母麵包等製作的菜色。有時週末一開店便會客滿，建議先訂位。

☎0553-44-5233 山梨県甲州市勝沼町勝沼3181 11:00～17:00
休週一（逢假日則營業，12～3月公休）
P有 JR勝沼葡萄鄉站步行20分

改裝自明治時代興建的主屋，日式摩登的風格深具魅力

感受葡萄酒與菜餚的美味絕配
WINERY RESTAURANT Zelkova
ワイナリーレストラン Zelkova

包圍在一片葡萄園中的Lumiere Winery直營餐廳，可在天花板挑高加上設置暖爐的優質空間內，享用大量使用當地新鮮食材所烹製的法式餐點。

☎0553-47-4624 ⌂山梨県笛吹市一宮町南野呂624 ⏰11:30～14:00、17:30～20:00(晚餐需在當天15:00前訂位) 休週二(1～3月週一、二休，9～11月無休) P有 👣JR勝沼葡萄郷站車程10分

多種葡萄酒一應俱全的商店，不妨試喝看看，找出心儀口味

窗外是一望無際的葡萄園

喝起來口感輕盈的Lumiere氣泡酒（玫瑰紅酒·750mℓ）2592日圓、石藏和飲貝利A葡萄（紅·750mℓ）2160日圓（右）
※葡萄酒的價格為零售價

視覺鮮豔也養生的海鮮簡易套餐

在江戶時代的倉庫吟味葡萄酒
ワインカフェ古壺 ワインカフェここ

將列入國家有形文化財的倉庫改造成靜謐空間的咖啡廳。採用地方食材製作的午間套餐和手工蛋糕等餐點，都能搭配甲斐酒廠的葡萄酒一併享用。

☎0553-32-2032(甲斐酒廠) ⌂山梨県甲州市塩山下於曽910 ⏰10:30～17:30(此時段外需訂位) 休週四(逢假日則營業) P有 👣JR鹽山站步行13分

1.散發懷舊風情的江戶時代倉庫，裡頭還有和式桌席 2.風間甲州微甜葡萄酒（白·720mℓ）1440日圓。恰到好處的甜度與酸氣呈現完美平衡的甲州品種白葡萄酒，風味高雅而清新 3.每道料理都和葡萄酒很對味

能搭配甲州葡萄酒品嘗的烤牛肉
レストランテ風 レストランテかぜ

座落在能飽覽葡萄園的山丘上，這家店是由勝沼釀造所直營的餐廳，景觀優美。嚴選當季食材製作的簡樸歐風料理中，尤以入口即化的烤牛肉堪稱絕品。

☎0553-44-3325(需訂位) ⌂山梨県甲州市下岩崎2171 ⏰11:30～14:30（週六日、假日11:30～13:00、13:30～15:00）、17:00～20:00 休週三(逢假日則翌日休) P有 👣図書館·文化館巴士站步行6分

1.ARUGA BRANCA PIPA（白·750mℓ）開放價格 2.白色牆面的時尚外觀 3.店內設計參考長崎的大浦天主堂而成 4.搭配芥末與醬油享用的烤牛肉午餐5400日圓～

現採的新鮮美味打動人心

來水果王國勝沼享受採葡萄的樂趣

採收熟成的葡萄 大口品嚐大地恩典

勝沼周邊的葡萄園會在8月中旬～11月中旬推出採葡萄的活動。在摘取葡萄時，請選擇果實飽滿、色澤較深的葡萄，當果實結滿到沒有空隙便是最好吃的時候。現採的新鮮葡萄有著豐厚而多汁的風味。

園內還能吃到燒烤和餺飥

一古園 いちこえん

老闆秉持著「希望來到這裡的遊客都能度過溫馨時光」的心意所打造的農園是洋溢懷古風情的空間。不但有世界各地多采多姿的葡萄品種可採，也推薦一嘗燒烤和當地名產餺飥。

☎0553-44-0095 ⌂山梨県甲州市勝沼町等々力1327 ⌚7月下旬～11月中旬、8:00～17:00 休開放期間無休 ¥德拉瓦等品種葡萄現採吃到飽600日圓～，巨峰、甲斐路現採吃到飽1000日圓～ P有 中央道·勝沼IC車程7分

1.種植巨峰和比歐內等多達10種豐富品種的葡萄　2.還有推出巨峰現採吃到飽搭配燒烤或餺飥等正餐的套裝行程　3.擺上復古的桌子和座椅等，以骨董用品呈現出舒適的環境。在果實纍纍的葡萄棚架下，也可以享用自備的外食

勝沼葡萄圖鑑

山梨最具代表性的葡萄，還有無籽品種及全新品種陸續登場。

晴王麝香葡萄
8月中旬～9月下旬

無籽、連外皮也甘甜的劃時代葡萄，果實碩大而有飽足感

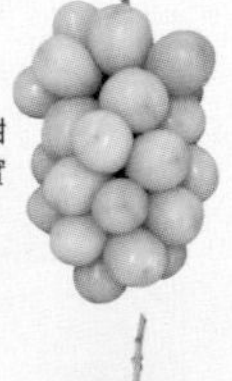

巨峰
8月中旬～10月上旬

酸度與甜味完美調和，豐醇又多汁的葡萄之王

比歐內
8月中旬～9月下旬

大顆的紫黑色果實，特色在於咬下去的絕佳口感與高雅風味

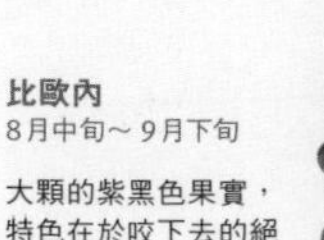

甲斐路
9月上旬～10月中旬

紅色的麝香葡萄，滋味豐富，以甜味和香氣深受喜愛

採葡萄Q&A

Q1. 需要預約、事先洽詢嗎？

A1. 雖然有些農園不需預約就能讓遊客採水果，但由於採收時期會依當年的天候等因素而異，還是需要事先蒐集資訊或洽詢。務必在出發前查詢農園狀況，並事先確認好遇雨時的因應方式。

Q2. 免費試吃和現採吃到飽的差異是什麼？

A2. 「免費試吃」的制度意指可試吃農園準備好的水果、或者是工作人員所採收下來的水果，與現採吃到飽不同。可以在試吃多種葡萄後選出喜歡的品種，再決定是要現採現吃或是直接買回家。記得先向農園的人員商量。

Q3. 採葡萄的規定和禮儀有哪些？

A3. 如果要現採現吃，基本上空手前往即可。如果想帶回家的話，通常是採收秤重後另外計費，並由農園準備容器。有時若使用自備購物袋帶走會引起糾紛，請務必避免。

在美景之中品嘗的葡萄格外甜美

荻園水果農園

萩原フルーツ農園

可以在能將富士山和甲府盆地一覽無遺的景致中大口吃葡萄、櫻桃或水蜜桃。葡萄有比歐內、晴王麝香等多元品種。

☎0553-23-0133 ⌂山梨県山梨市落合1337
🕒8月中旬～9月，9:00～17:00(需透過官網、電話確認) 休開放期間無休
¥購買葡萄1kg1500日圓～，葡萄現採吃到飽40分鐘1300日圓
P有 JR山梨市站車程10分

1.遼闊農園內有多款品種的葡萄結實纍纍
2.因位在甲府盆地上而能欣賞優美景致
3.從一望無際的露台有時還能望見富士山

能在廣闊果園內嘗盡各式品種

葡萄畑 ぶどうばだけ

在約6000坪的寬闊腹地內，能開心採收超過48種葡萄的農園。園內的商店則是擺滿了果汁、果醬等運用自家栽種的水果製作的加工品。

☎0553-44-0356 ⌂山梨県甲州市勝沼町菱山1425 🕒7月上旬～11月上旬、8:30～17:00 ¥免費入園，購買葡萄1kg800日圓～，葡萄現採吃到飽1600日圓 休開放期間無休 P有 JR勝沼葡萄鄉站步行8分

1.將葡萄採收進籃子裡
2.100%葡萄汁（600mℓ 各1620日圓），也有小瓶裝（200mℓ 540日圓）

還可以試飲葡萄酒

早川農園 はやかわのうえん

園內種植了能夠連皮吃的晴王麝香葡萄等超過15種品種的葡萄，可免費試吃無籽比歐內、無籽巨峰等，還有提供葡萄酒及果汁等試飲。

☎0553-44-5199
⌂山梨県甲州市勝沼町等々力1771-1
🕒7月中旬～10月下旬、8:00～18:00
¥免費入園，葡萄現採吃到飽900日圓～
休開放期間無休 P有
子安橋北巴士站步行3分

可以在葡萄的甜美香氣圍繞下享受採葡萄的樂趣，園內洋溢的香草香氣同樣清新怡人

若想細細品嘗就來這裡

見晴千果園 みはらしの千果園

備有高人氣的晴王麝香葡萄等約37種葡萄，在現採吃到飽專區可以坐下來好好品嘗而獲得好評。8月有10種、9月有約20種葡萄可採收。

☎0553-44-1825
⌂山梨県甲州市勝沼町小佐手1711
🕒7月下旬～11月上旬、8:00～日落為止
¥免費入園，葡萄現採吃到飽1小時1500日圓 休開放期間無休
P有 赤坂巴士站即到

獲得生態農業者認證的葡萄園

居家氛圍讓人舒適安心

勝沼葡萄公園 勝沼グレパーク

能因應各種天候的溫室型葡萄農園內栽種了20種左右的葡萄。除了秤重計價外，如果有需要，葡萄現採吃到飽可讓遊客無限時間盡情品嘗。可自備外食。

☎0553-44-0645
⌂山梨県甲州市勝沼町勝沼2972
🕒7月下旬～10月下旬，7:00～日落為止
¥免費入園試吃，葡萄現採吃到飽(無限時)1000～2000日圓
休開放期間無休 P有
池田医院前巴士站即到

寵物也可以一同入園

1

小小旅行的伴手禮

從古早味的傳統和菓子到以地方食材製作的甜點等，以下整理出能送進心坎裡的伴手禮。
不妨將旅行的回憶分享給珍視的親朋好友吧。

果醬
布列塔尼焦糖
80g 790日圓

添加焦糖和發酵奶油、葛宏德海鹽的焦糖奶油醬

Romi-Unie Confiture
ロミユニコンフィチュール

☎0467-61-3033
⌂神奈川県鎌倉市小町2-15-11
🕒10:00～18:00
休無休 P無
JR鎌倉站步行5分

特級
桔梗信玄餅冰淇淋 345日圓

桔梗信玄餅風味的冰淇淋加上滿滿的麻糬

桔梗信玄生布丁
4盒裝975日圓

將生奶油與黃豆粉的布丁淋上黑蜜享用

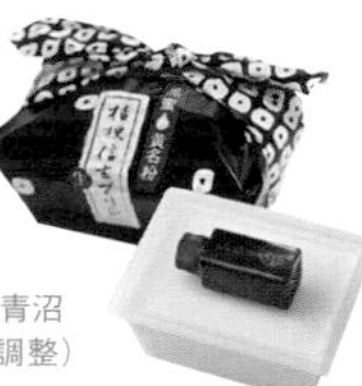

桔梗屋甲府本館
ききょうやこうふほんかん

☎055-233-8800 ⌂山梨県甲府市青沼1-3-11 🕒9:00～18:00（依季節調整）
休無休 P有 JR甲府站車程10分

藍花楹的散步道
2片140日圓

散發出100%奶油與天然紫地瓜的香氣，不會造成身體負擔的餅乾，無添加蛋

A-PLUS
エープラス

☎0557-81-9251（熱海商工會議所）⌂静岡縣熱海市的SUNKUS熱海店（熱海站內，1號線伊東線月台樓梯下）、LAWSON熱海陽光海灘店、赤尾香草&玫瑰園

箱根布丁
1個330日圓

雞蛋風味濃醇，口感滑嫩柔和

箱根カフェ スイーツショップ
はこねカフェ スイーツショップ

☎0460-85-8617 ⌂神奈川県箱根町湯本707
🕒10:00～18:00
（商品售完即打烊）
休無休 P無 箱根湯本站內

箱根蛋糕卷 1340日圓

米粉製成的彈嫩蛋糕體加上和三盆的甜味帶出高雅韻味

大学いも・川越いわた 時の鐘店
だいがくいもかわごえいわた ときのかねてん

☎049-299-5041
⌂埼玉県川越市幸町15-26
🕒10:30～17:00 休週三
P無 一番街巴士站下車步行3分

番薯起司蛋糕 1條160日圓～

使用番薯製作的長條狀起司蛋糕，左起分別是巧克力、黑糖紫番薯、原味、芝麻

左起藍莓醬（S）627日圓
柑橘醬（S）465日圓
草莓醬（S）681日圓

由新鮮的天然水果熬煮而成的無添加果醬，特色是保有水果原始的溫和風味

沢屋 旧軽井沢店
さわや きゅうかるいざわてん

☎0267-42-8411 ⌂長野県軽井沢町軽井沢746-1
🕒9:00～18:00 休無休（冬季有公休）
P無 旧軽井沢巴士站步行5分

東京出發的2天1夜旅行

再稍微走遠一些

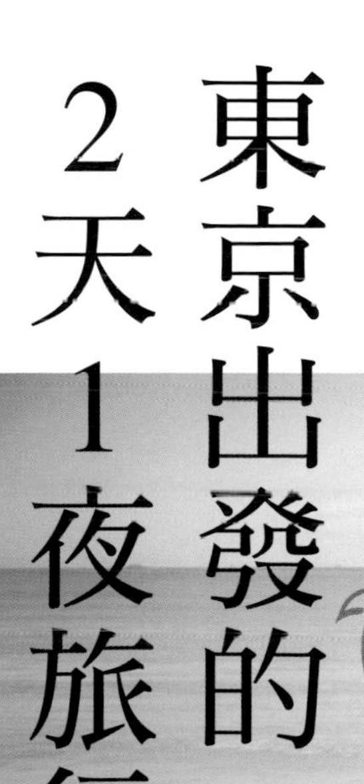

洋溢古典＆摩登風情的
經典旅遊勝地

造訪既復古又新潮的箱根

一年約有2000萬名觀光客造訪的日本首屈一指觀光勝地——箱根，是從江戶時代起被視為平民所憧憬的溫泉療養地而繁榮起來的日本度假區始祖。在擁有這般悠久歷史的箱根，陸續有現代風格的飯店和備受矚目的咖啡廳、餐廳開張，發展成為更具吸引力的景點。

Access 新宿站搭乘小田急線“浪漫”特快到箱根湯本站約1小時30分

下榻此地就能放鬆身心
箱根最新的奢華旅館

從新宿搭乘小田急線浪漫特快約1小時半可到，交通相當方便的箱根，四周有多達20處溫泉勝地，是一個在大多數旅館都能泡到天然溫泉的人氣溫泉度假聖地。這裡有深受各國名人喜愛的「富士屋飯店」等，在眾多老字號高級旅館之中，也陸續有推出新形態住宿風格的時尚飯店開幕。不妨在重要的紀念日或想犒賞一下辛勤的自己時來箱根走走吧！

從大湧谷引入源泉的室內溫泉。另外還有使用腹地內井水的檜木露天浴池

仙石原的自然景觀環繞彷彿身在森林中的秘密基地

過去為文人雅士聚集的俵石閣在重新裝修下化身為「NEST INN HAKONE俵石閣」全新開幕，在保有高雅日式風格的同時，也搖身一變成為更加典雅且深具設計感的空間。特色在於所有客房皆有群木圍繞，宛如置身於林中別墅般的空間。

晚餐享用由餐廳內的柴火烤爐所烤製的柴火料理

1.從客房也能近距離感受仙石原的大自然 2.可於早餐品嘗5種蔬菜的蔬果汁 3.在停車場前迎接房客，以專用小車載往接待櫃檯

NEST INN HAKONE 俵石閣

ネストインハコネひょうせきかく

☎0460-83-9090 神奈川県箱根町仙石原1290 IN 14:00、OUT 11:00 ¥1泊2食22800日圓～ P有 在箱根登山鐵道小涌谷站提供接送服務(需預約)

在雅致的餐廳大啖用上當令山珍海味的懷石料理

從大廳的大片落地窗可將雄偉的箱根群山一覽無遺

客房皆附露天浴池，以香氣為主題的旅館

氣派別墅和療養設施雲集的強羅小涌谷。在這一片占地3700坪的閑靜土地上，有一間僅有16間客房的奢華旅館，微微飄蕩出來的白檀香氣邀請您踏進遠離日常的空間。

箱根強羅白檀

はこねごうらびゃくだん

☎0460-87-0010 神奈川県箱根町二ノ平1297-5 IN 15:00、OUT11:00 ¥1泊2食31722日圓～ P有 みどりの村入口巴士站步行3分

1.所有客房皆設有使用自家放流式湧泉的露天浴池
2.客房備有電子薰香爐，提供白檀香木及線香供使用

1 在華美高雅的建築物前拍照留念

聳立於腹地內的「本館」、「西洋館」、「花御殿」等6棟建築物中，有5棟列入登錄有形文化財及近代化產業遺產。能將花御殿擺在背景拍照留念的本館正面是最受歡迎的攝影景點。

展現和洋融合風格的外觀，令人印象深刻的「本館」

1.使用千鳥破風式屋頂和校倉建造工法的「花御殿」相當有日本風情 2.以帶有百葉的上下拉窗為特點的「西洋館」 3.從本館大廳向上延伸的樓梯可見精緻的美麗雕刻

在箱根第一的老字號飯店愜意一日遊

想在富士屋飯店完成的7件事

在兼具現代與古典氣息的富士屋飯店細細品味

自1878（明治11）年創業以來，深受皇室和許多世界各國名流顯要鍾情的箱根度假區之象徵「富士屋飯店」，身為度假飯店的先驅，如今依舊是備受憧憬的存在。

這家格調不凡的飯店更推出了各種一日遊的套裝行程，可以愜意感受這棟列入國家登錄有形文化財的華麗建築之美，以及傳統的著名美食。

3.6月上旬～7月上旬在庭園內的水車廣場「螢火蟲之里」可以看到螢火蟲的蹤影　4.在庭園悠閒散步

3 漫步在秀麗的日本庭園

在廣達5000坪的自然庭園內有精心維護的步道，可沿路賞玩錦鯉優雅悠遊的水池和溫室、隨四季變換風貌的花卉，約15分鐘可繞完一圈。

1.空間寬闊的豪華雙床房
2.位在腹地內的高處，5層樓高且有現代風外觀的「森林館」

2 在客房徹底放鬆享受

供一日遊套裝行程使用的森林館，豪華雙床房十分寬敞。所有客房皆引流宮之下天然溫泉，可以在私人空間好好享受溫泉浴。

1.附午間全餐的一日遊套裝行程內含的全餐料理「美好年代」 2.還有能品嘗傳統味牛肉咖哩的一日遊套裝行程（7236日圓～）

4 在饒富歷史感的餐廳享用法國菜

1930（昭和5）年建造的主餐廳「The Fujiya」，細節處的雕刻和天花板畫相當精緻。從創業當時以來經由歷任主廚傳承下來的正統法國菜和傳統風味的牛肉咖哩、法式清湯等知名美食一應俱全。

6 在館內的咖啡廳品嘗遠近馳名的蘋果派

能一面眺望庭園度過下午茶時光的復古風品茶沙龍「Orchid」，還留有約翰·藍儂住宿時曾坐過的桌席。

1.古典風情的咖啡廳 2.飯店甜點師傅推出多款自豪的甜點，深受許多名人喜愛的傳統蘋果派也能在這裡吃到

5 參觀展示室認識飯店的歷史

位在花御殿地下1樓的史料展示室（免費入場）是一處能了解飯店歷史、宛如博物館般的地方，也展示著海倫·凱勒和卓別林等許多曾下榻於此的名人照片和簽名。

1.能一窺飯店走過130多年來的一小部分歷史 2.展示出開業當時的海報和餐廳的菜單等各式珍貴文獻

7 將名產美食作為伴手禮買回家

緊鄰飯店的直營麵包店「PICOT」除了有名聞遐邇的經典咖哩麵包和葡萄乾麵包、蘋果派等必買美食之外，還可以購買熱銷的咖哩調理包等適合當做伴手禮的原創商品。

咖哩調理包810日圓，富士屋的傳統牛肉咖哩在家也吃得到

創業以來始終如一的講究滋味，法式清湯的調理包810日圓

1.除了吐司以外，還備有經典的咖哩麵包等約20種麵包 2.直營麵包店＆甜點店「PICOT」即使是平日，在麵包出爐時段也會大排長龍

富士屋飯店
ふじやホテル

☎0460-82-2211 ⌂神奈川県箱根町宮ノ下359 ⏲IN15:00、OUT11:00 ¥1泊2食24840日圓～、附午餐全餐的一日遊套裝行程8640日圓～ 室146 P有 ‼箱根登山鐵道宮之下站步行7分

湖畔的咖啡廳&餐廳

悠閒眺望蘆之湖度過好時光

如果想享受一下悠然的午茶時光，那麼推薦您座落在蘆之湖湖畔的咖啡廳和餐廳。在遊湖船起訖的元箱根和箱根町，有許多人氣的店家雲集。

1.佐抹茶冰淇淋和奶油的畔屋特製鬆餅950日圓是點餐後一片片用鐵鍋現烤而成　2.空間寬敞、能盡情放鬆的桌椅席。眼前就是一片箱根町港景致的店內，有部分座位還能遠望到富士山的一隅

茶屋本陣 畔屋
cafe KOMON 湖紋
ちゃやほんじんほとりやカフェこもん

☎0460-83-6711 ⌂神奈川県箱根町箱根161-1 ⏰10:00～15:30
休無休 P有 👣箱根町巴士站即到

知名烤牛肉令人讚不絕口

2016年在箱根町港全新開幕的熱門景點。1樓是集結多間商家的伴手禮專區，2樓則是能欣賞蘆之湖的餐廳&咖啡廳。除了正規午餐外，還會提供炭火爐，可以自行烘烤的本陣糰子950日圓等，日式甜點也備受好評。

使用仙石原著名的相原精肉店的烤牛肉，附上色彩繽紛蔬菜的烤牛肉飯1780日圓

三明治之王3218日圓，夾滿大量的神奈川縣產牛腿肉牛排和日本產培根，以及三島的蔬菜

1.入口設置了可瞭望蘆之湖的足湯座　2.「每一天從麵團到備料、對於食材萬分講究的麵包」是這間麵包店的理念，買完麵包後也可以在2樓咖啡廳或1樓足湯搭配飲品當場享用

附設正統麵包店和足湯

由新潟妙高高原的老字號度假飯店──赤倉觀光飯店所監製的咖啡廳&麵包店，裡頭由延續飯店傳統的正統麵包店和附設足湯的輕食店、咖啡廳、以及主廚會在眼前料理的頂樓觀景餐廳所組成。

Bakery & Table 箱根
ベーカリーアンドテーブルはこね

☎0460-85-1530
⌂神奈川県箱根町元箱根9-1 ⏰11:00～17:00
休無休 P有
👣元箱根巴士站即到

Il Lago イル・ラーゴ

☎0460-83-6311
⌂神奈川県箱根町箱根65
🕘9:30～22:00(17:00～酒吧時段) 休無休 P有
‼箱根ホテル前巴士站即到

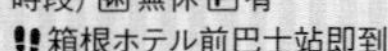

1.寧靜的湖畔咖啡廳　2.欣賞湖面之餘，品嘗備受好評的蘆之湖蛋糕卷831日圓（2片）

參考箱根的淺間山所做出的蒙布朗。單點831日圓，蛋糕套餐1447日圓

瞭望湖景度過優雅時光

茶室建於蘆之湖湖畔的箱根飯店內，可在天花板挑高的雅致店內，品嚐用上大量水果的蘆之湖蛋糕卷和蒙布朗等獨創甜點。

1.用珍貴的美術工藝器皿盛裝的蛋糕套餐1080日圓　2.無論坐在哪個座位都有絕佳景觀

抹茶配上季節和菓子的抹茶套餐1080日圓

ティーラウンジ季節風

ティーラウンジきせつふう

☎0460-83-6828
⌂神奈川県箱根町元箱根570
🕘10:00～16:15
休無休 P有 ‼元箱根港巴士站即到

美術館附設的沉穩風格咖啡廳

佇立於高處的成川美術館的咖啡廳，窗邊的沙發座可說是特等座。能一面欣賞觀光船熙來攘往的光景或邊一覽遠方富士山及駒岳的遼闊全景，度過幽靜的片刻。

Vert Bois ヴェル・ボワ

法國菜 ☎0460-83-6321 ⌂神奈川県箱根町元箱根80小田急 Hôtel de Yama 🕘7:30～9:30、11:30～14:00、17:30～20:30(夜間需預約) 休無休 P有 ‼元箱根港巴士站步行15分(有免費接送巴士)

1.採歐洲風格的內部裝潢
2.傳統漢堡排全餐4158日圓

搭配蘆之湖美景盡情享用道地法國菜

位在小田急Hôtel de Yama內的正統法國菜餐廳，海鮮和蔬菜皆選用各個季節不同的美味食材，由曾經在法國三星級餐廳學藝的主廚大展廚藝。

店外還有可眺望蘆之湖的露天桌席

從店內的桌席也能清楚望見蘆之湖的景致

湖畔的甜點餐廳

可以在突出於湖面的露天座，品嘗以5色水果醬妝點的蘋果派或用當季食材製作的絕品甜點，由茶藝師所調配的紅茶也是極品美味。

Premium Shop & Salon de Thé Rosage

プレミアムショップ&サロン・ド・テ ロザージュ

☎0460-83-6321 ⌂神奈川県箱根町元箱根80小田急 Hôtel de Yama 🕘10:00～17:00 休無休 P有 ‼元箱根港巴士站步行15分(有免費接送巴士)

1.露臺座可感受吹拂過湖面的宜人微風（冬季關閉） 2.蘋果派1604日圓，是獲得日本紅茶協會認證的店

東伊豆的賞花遊&熱海散步

一面欣賞著季節花卉一面散步，一定能讓心情溫暖而滿足，不妨搭上電車去賞玩花卉吧。

小室山公園內有杜鵑花環繞的步道及草坪廣場，可以一邊吃著便當悠哉享受賞花的樂趣。山頂除了有瞭望台和休息室以外，還有展示歐洲工藝品的「森之象嵌美術館」

欣賞季節花海的頂級電車之旅

因氣候穩定，一整年下來都充滿了五顏六色花朵的東伊豆地區，尤其是2月到6月之間，最佳賞花期和各種活動最為集中。隨處都有各式各樣的花卉盛開，例如一般來說比染井吉野櫻早開花的河津櫻以及杜鵑花、山茶花恣意綻放的小室山公園、繡球花名勝的下田公園、被鴛鴦茉莉的甜美香氣給包圍的了仙寺等。

東伊豆深受海洋、山脈、河川的豐饒自然所眷顧，當季特有的季節食材也很豐饒。換個季節造訪，一定能發現另一種魅力。出發前不妨預先確認開花狀況及活動資訊，打造出專屬於自己的精彩旅遊計劃。

Access 東京站搭乘JR東海道新幹線到熱海站約45分

將整片丘陵渲染上火紅色彩的杜鵑花

遠近馳名的小室山公園為東伊豆首屈一指的賞花名勝，是以海拔321m高的小室山為中心，周圍美麗草原廣布的自然公園，其中備受矚目的季節是在杜鵑花恣意齊放的4月下旬到5月上旬之間。這一帶會染上一片鮮紅色，宛如鋪滿紅色地毯一般。公園內還設有穿梭於壯麗天然林木間的觀光吊椅纜車，可以從山頂上飽覽360度全景，是一處在天氣晴朗時甚至可遠望富士山及房總半島、伊豆諸島的絕景地點，推薦帶著便當來此健行。

此外，小室山公園也以山茶花名勝而聞名。從11月上旬到4月下旬，約有一千種、四千棵山茶花樹依序盛開，以可愛的姿態爭妍鬥豔，快來欣賞只有這裡才看得到的驚豔景色吧。

杜鵑花的種類約有40種

種植於小室山公園內的杜鵑花約有40種、共10萬株，當白、粉、紅色等色彩繽紛的杜鵑花一齊綻放時，景象美得令人驚豔不已。每年4月29日到5月5日會舉辦杜鵑花祭，也舉行夜間點燈等活動，讓花海沉浸在一片奇幻氛圍中。

賞花漫步後的小小樂趣

✿小室山公園

こむろやまこうえん

‖川奈站‖☎0557-37-6105(伊東観光協會)
⌂靜岡県伊東市川奈小室山1248 ⏲自由入園(吊椅的營運為9:30～16:00，會視時期而調整) 休無休
¥吊椅費用(來回)470日圓 P有 ‼伊豆急行川奈站步行25分，亦或是在伊豆急行伊東站搭乘開往小室山リフト方向的東海巴士25分，終點站下車即到

在夢幻空間內品味藝術與餐點

欣賞過優美花卉後，何不來典雅迷人的洋樓看看呢？距離小室山公園車程約15分的伊豆高原彩繪玻璃美術館是優雅的藝術景點，興建於能將東伊豆海景盡收眼底的絕佳地理位置。這棟美麗又神秘的建築物令人聯想到中世紀貴族宅邸，內部劃分出許多間夢幻的小房間，令人宛如置身於迷宮，是一處流瀉著骨董管風琴及音樂盒音色、並充滿芬芳氣味的療癒空間。

逛完一趟藝術巡禮，不妨前往附設的義大利菜名店「La Vita e Bella」，可品嘗以新鮮海產為基底的義式餐點。

✿伊豆高原彩繪玻璃美術館

伊豆高原ステンドグラス美術館

以五感去感受光、香、美、音、風的美術館。館內陳列了精緻珍貴的骨董彩繪玻璃，透過玻璃照射進來的光線十分夢幻，務必來體驗時光靜止般的夢境片刻。

‖川奈站‖☎0557-44-4333 ⌂靜岡県伊東市川奈1439-1 ⏲10:00～17:00 休第1、3週三(過年期間、黃金週、盂蘭盆節、假日則開館)，有臨時休館 P有 ‼伊豆急行川奈站車程5分

1.2.以1800年代的骨董為中心展示，四處都設有歷史悠久的彩繪玻璃
3.古老的彩繪玻璃耀眼非凡的聖米歐爾教堂

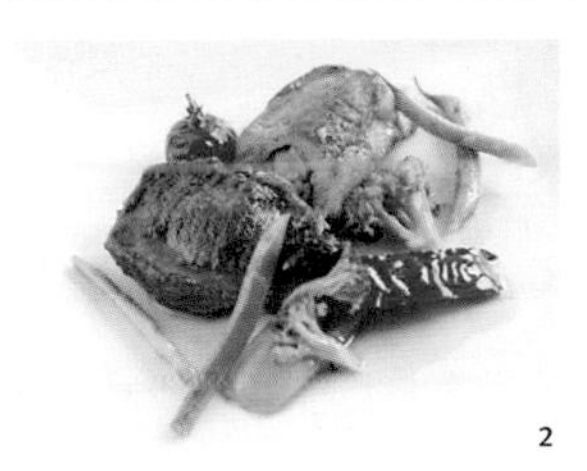

1.彷彿身處在中世紀城堡般的餐廳
2.菜色使用當地合作農家每天送來的新鮮蔬菜　3.在雅緻的室內設計圍繞下享用優雅午餐

✿La Vita e Bella

ラ・ヴィータ・エ・ベッラ

由擁有義大利大師美名的石崎幸雄主廚所監製，2007年更獲得義大利國家認證為正統義大利菜餐廳才會頒發的「Stelle della Ristorazione」榮譽。

‖川奈站‖☎0557-44-4555 ⌂靜岡県伊東市川奈1439-1 ⏲11:30～14:00、17:00～19:30(僅週五～日、假日營業，需在當天17時以前訂位) 休準同上述的美術館 P有
‼伊豆急行川奈站車程5分

紫色與白色的豔麗鴛鴦茉莉在下田的古寺內爭相綻放

了仙寺為1635（寬永12）年所建造的日蓮宗寺院，1854（嘉永7）年佩里將軍在此與日本全權代表簽訂了日美和親條約的附則《下田條約》，因而列入國家指定史蹟。境內的黑船博物館內，展示出黑船來航畫軸與佩里的公文等超過3000件黑船開國的原始資料，也附設劇場及博物館商店。

沉浸在濃濃異國情懷的甜美香氣中

佩里大道是當年佩里將軍一行人踏上下田港時走過的路徑，這條長約700m、沿著平滑川妥善規劃的的石板路一路綿延至名寺「了仙寺」。了仙寺從境內到參拜道路上，種植了超過千株的鴛鴦茉莉，甚至因而有了「茉莉寺」之稱，在花朵盛開的5月後半會舉行「香氛花祭」。

事實上鴛鴦茉莉並不是素馨屬，而是屬於茄科的植物。不過鴛鴦茉莉就如同其名，它的香氣特別甜美，從5月上旬到6月上旬，這一帶都會飄散著芳醇的香味。花的直徑約2公分，開始綻放時為鮮豔的紫色，接著會慢慢變淡，最後變成白色的花朵，其漸層之美也是一大看頭。

為什麼寺院會長滿鴛鴦茉莉？

了仙寺是佩里將軍為了決定早先在橫濱締定的日美和親條約之細項而造訪的地點。據傳歷任的住持為使人能感受了仙寺與外國之間的悠遠歷史，而種植了既豔麗又帶有西洋風情的鴛鴦茉莉。每年盛開時會與「黑船祭」的時期重疊，將下田街景妝點得美不勝收。

✿ 了仙寺 りょうせんじ

‖伊豆急下田站‖☎0558-22-0657 ⌂靜岡県下田市3-12-12 ⓛ境內自由參觀（博物館為8:30～17:00）㊡博物館12月24～26日休 Ⓟ有
伊豆急行伊豆急下田站步行10分

賞花漫步後的小小樂趣

在下田市區散步之餘 來把喜愛的甜點一次帶回家

以下介紹能同時將下田的美味甜點與洋溢歷史情懷的街頭漫步一次掌握的最佳行程。先在「まちコンシェルジュ@たるや」購買甜點地圖、裝甜點的特製紙盒以及甜點兌換券後，就可以跟著熟知下田的導覽員一同走訪嚴選的推薦甜點店。在每家店可以自由挑選出共5種自己喜歡的甜點，再加上特製紙盒也十分可愛，當做伴手禮一定能獲得好評。時間不夠的話，這裡也提供可以將「まちコンシェルジュ@たるや」的展示櫃內所蒐集的各店甜點當場裝入紙盒的方案（1100日圓），不妨來看看。

ロロ黑船／黑色最中餅

添加竹炭後烘烤成黑色的酥脆餅皮，加上使用北海道產紅豆的顆粒餡料形成絕配滋味。由於餡料是另外包裝，可以斟酌加入想吃的量

日新堂菓子店／瑪德蓮蛋糕

三島由紀夫盛讚為「日本第一瑪德蓮」的逸品。雖然沒有使用奶油和牛奶，仍有著濕潤而濃醇的口感

有這些甜點可以選♪

下田有許多老字號和菓子鋪，尤以在製法和包裝等透露出歷史韻味的甜點最受歡迎。此外，使用了因應下田溫暖氣候所產出的哈密瓜、草莓、蜜柑等水果製作的甜點也不容錯過

平井製菓／紅金眼鯛最中餅

形狀採自下田知名的紅金眼鯛而象徵吉祥的最中餅，甜度壓低，加入滿滿栗子而分量十足。除了有粉紅色外皮的豆沙餡以外，還有茶色外皮的顆粒餡口味

✿ SWEETS ♡ KURA スイーツ クラ

‖伊豆急下田站‖☎0558-36-4541
（まちコンシェルジュ@たるや，需預約）
集合地點：靜岡縣下田市3-1-23
街頭漫遊為10:00～11:30約1小時半 休無休 ¥1700日圓 P無
伊豆急行伊豆急下田站步行10分

參考下田特有的海參牆住宅所設計的特製紙盒

再走遠一些……

順道來河津走走

嘗嘗看河津的新名產——山葵美食

山葵是東伊豆河津的名產之一。河津坐擁七座瀑布，而這樣的美麗清流也孕育出美味的山葵。將山葵入菜的美食非常多元，有山葵茶泡飯和山葵香鬆等適合作為伴手禮的五花八門逸品，而現在備受矚目的是使用山葵製作的特色餐點。由於新鮮的生山葵辣度不強，和甜點也十分對味，這甜中帶辣的辛辣感後勁十足而深獲好評。來這裡和親友分食、試吃評比也是樂趣無窮。

河津哭泣飯

撒上滿滿柴魚片並摻入海鮮的奢侈山葵飯糰。鮪魚、加工鰹魚、佃煮海帶與河津特產的山葵風味十分對味

山葵霜淇淋

外觀呈淡綠色，實相清爽的極品。入口的瞬間牛奶甜味擴散開來，隨後是刺鼻的山葵香氣直撲而來

哭泣冰

將添加山葵的煉乳糖漿充分地淋在刨冰上，黑豆的微微甜味與香草冰淇淋的圓滑滋味、山葵的辛辣口感融合得剛剛好

山葵奶昔

以冰淇淋和優格製作的辣味奶昔，使用完整山葵莖葉製出的奶昔對身體健康很有幫助

紅豆奶油山葵

將拳頭大的圓麵包夾上揉入山葵的奶油與紅豆顆粒餡，山葵的辣味與紅豆餡的甜味、醇厚的奶油堪稱絕配

諮詢請洽

✿ 河津町商工會 かわづまちしょうこうかい

‖河津站‖☎0558-34-0821 靜岡県河津町浜159-1 8:30～17:15 休週六日、假日 P有 伊豆急行河津站即到

便於電車之旅的車票資訊

南伊豆自由乘車券 包含從首都圈的主要車站出發的來回車票，以及可以在伊豆急行線所有區間和東海巴士指定區間自由上下車的優惠套票。來回能搭乘JR線普通列車的普通車自由座，只要加購特急券就能搭乘「踴子（踊り子）」、「超景踴子（スーパービュー踊り子）」號等特急列車。2日內有效，東京都區內出發6160日圓，橫濱市內出發5850日圓、小田原出發4410日圓（截至2018年3月31日，之後需上官網確認）

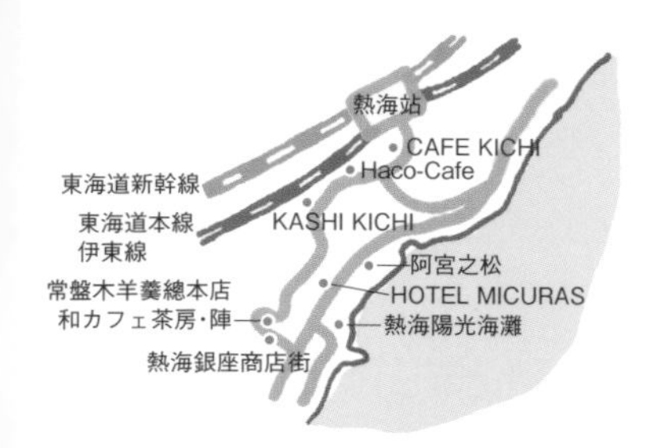

玩賞花卉之後

在熱海放鬆身心

溫泉旅館林立於沿海一帶的熱門溫泉城市——熱海，
是日本知名度堪稱屈指可數的溫泉度假區。
這裡有專攻女性市場的飯店和氣氛舒適的咖啡廳、
人氣的甜點店等，是最適合來趟放鬆小旅行的絕佳地點。

1.面朝海岸大道的HOTEL MICURAS　2.眼前毫無遮蔽物而得以欣賞一大片海景的絕景露天浴池，泉水的觸感柔滑，還備有女性專用的香氛蒸氣室　3.眼前就是白砂的熱海陽光海灘

品嘗法國菜午餐
飽享度假好心情

4.使用當地食材的午間全餐，可在一日遊套裝行程中吃到　5.在觀海景客房，從床鋪起身的高度就能看見海洋。共62間房有55間房可欣賞海景

HOTEL MICURAS

ホテルミクラス

擁有優美海景的溫泉度假飯店。空間寬闊的景觀浴池眼前便是一望無際的相模海灣，可遠眺初島和伊豆大島。飯店還推出女性專用的芳療室和歐舒丹的備品等，隨處都能感受到體貼女性的巧思。

☎0557-86-1111 住靜岡県熱海市東海岸町3-19 ¥1泊2食20500日圓～，附午間全餐的一日遊9400日圓～ ⓛIN14:00、OUT11:00(一日遊套裝行程為IN13:00、OUT19:00) 室62 P有 JR熱海站步行12分

小小旅行就在熱海放鬆&排毒

歷史悠久的溫泉旅館與時尚的度假飯店櫛次鱗比的熱海，從東京搭乘新幹線只需約45分鐘的交通方便性也是受歡迎的祕訣之一，據說還有日本人會在週末來熱海旅遊後，週一直接從熱海去上班呢。當天來回也想感受住宿樂趣的話，推薦HOTEL MICURAS推出附午餐的一日遊套裝行程。從景觀溫泉大浴池或客房瞭望大海的同時，疲憊的身軀一定能逐漸獲得舒緩。

裝有麥粉甜甜圈和黑米法式薄餅等的熱海袋裝組889日圓

雅致的大型櫃子是曾經作為藥櫃的骨董

KASHI KICHI
カシキチ

隨時擺滿剛出爐的甜塔類及費南雪等共20～30種烘焙點心的時尚店家。作為當地的來宮神社獻品所供奉的麥粉甜甜圈「こがしリング」等熱海特有的甜點很適合當伴手禮。

☎0557-48-7919 ⌂靜岡縣熱海市咲見町12-10 ⏲11:00～19:00 休週二、三 P無 JR熱海站步行8分

由CAFE KICHI監製，可愛的點心讓人眼花繚亂

咖啡510日圓
和戚風蛋糕
410日圓

擺放很有品味的椅子和沙發的舒適溫馨空間

從熱海站前的商店街彎進巷弄後就能看到

CAFE KICHI カフェキチ

使用舊材料製作的桌子及手工燈具醞釀出懷舊氣氛，由屋齡40多年的古民宅改建而成的咖啡廳。提供使用了丹那牛乳、韮山蜂蜜等有益身體的當地食材所製成的甜點，最適合作為遊訪熱海時小憩一下的好所在。

☎0557-86-0282
⌂靜岡縣熱海市田原本町5-9
⏲13:00～21:00(週六日、假日為12:00～) 休週三 P無
JR熱海站即到

熱海的咖啡廳和甜點店

空間上善用前身為住宅的室內設計，樓上是能眺望熱海市區及海景的露台座

使用伊東產檸檬與核桃的磅蛋糕540日圓，咖啡為486日圓～

附上手工麵包和配料多多湯品的Today's Plate 1500日圓

Haco-cafe ハコカフェ

改建自住商混合大樓其中一室的復古咖啡廳，不但有吧台座、還有在榻榻米上設置和式桌的和室、擺放沙發的洋室等各異其趣的3個包廂，屋頂還有露台座。一杯杯細心沖泡的咖啡和滿滿自家栽種蔬菜的午餐十分美味。

☎0557-81-7015 ⌂靜岡縣熱海市田原本町3-4 一ノ瀬ビル5F ⏲12:00～19:00(19:00～21:00採預約制) 休週二，第1、3週一 P無 JR熱海站即到

別具風情的咖啡廳入口，也可以直接從店家走進咖啡廳

抹茶、柚子、蜜柑、櫻花等4種馬卡龍搭配抹茶的組合AYAHIME 1000日圓

常盤木羊羹總本店 和カフェ 茶房・陣
ときわぎようかんそうほんてん わカフェさぼうじん

推出曾獲熱海品牌認證的「鶴吉羊羹」等各種羊羹、馬卡龍最中餅而有高人氣的老字號和菓子店所附設的咖啡廳。在和風摩登的空間內，可搭配咖啡或抹茶一嘗備受好評的和菓子。

☎0557-81-8633 ⌂靜岡縣熱海市銀座町9-13 ⏲11:00～17:30 休週三、四 P無 JR熱海站步行15分

由建造神社的工匠所打造的和風摩登咖啡廳內部

出發走訪
水岸城市三島

靜岡縣三島市，位在東京搭新幹線約1小時可到的距離上。
踏出JR三島站走上5分鐘，便能聽見潺潺流水聲，
並感受到水岸的潤澤讓心情自然而然地變得舒坦。
市內河川蜿蜒流過，隨處可見湧泉，是一處可就近接觸自然的美好所在，
可一面沿著川流悠閒漫步，一面尋訪迷人的親水景點。

Access
東京站搭乘
JR東海道新幹線
到三島站約1小時

河水幾乎縱貫三島全市，全長達1.5km的源兵衛川，河岸旁設有行人散步用的步道

位在柿田川最上游處的第1瞭望台，有大小數十處的湧水縫隙「湧間」聚集，宛如一片湖泊一般。在此可感受清澈柿田川的水域之美，沉醉於浩大的景致

Let's go!

首先，從瞭望台

欣賞水景

SPOT 1

柿田川公園 かきたがわこうえん

☎055-981-8224 ⌂静岡県清水町伏見71-7 ◷自由散步 Ⓟ有（8:30～16:30）👣JR三島站搭乘巴士15分

在草木環繞的自然中漫步尋找「湧間」

「柿田川公園」既守護了留存於三島的珍貴自然景觀，同時也是市民的休閒場所而備受喜愛，若想感受三島的水景就先來這裡吧。能夠從園內的第1瞭望台、第2瞭望台欣賞到一整年都有泉水自然湧現的「湧間」（わき間）。波光粼粼的清透泉水與棲息於園內的水鳥悠閒自在的模樣，營造出涼爽的美麗光景。

過去是紡織工廠作為水井所使用的湧泉，水的色彩會因陽光強弱而產生變化，十分奇妙

位在第1和第2瞭望台之間的草坪廣場。設有長椅，可看見有人在此小憩的模樣

翠綠的群木圍繞著木製的八座橋，在這裡走走也很舒服。作為公園步道而串連起各個景點

草坪廣場上還能看見帶著孩子來玩耍的親子，也可以坐在草坪上吃便當、享受小小野餐趣

彷彿融入街景般悠悠流過的源兵衛川，宜人的涓涓流水令人感受到時光緩慢的流逝

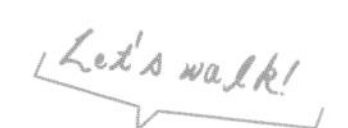

沿著河川

信步到市區

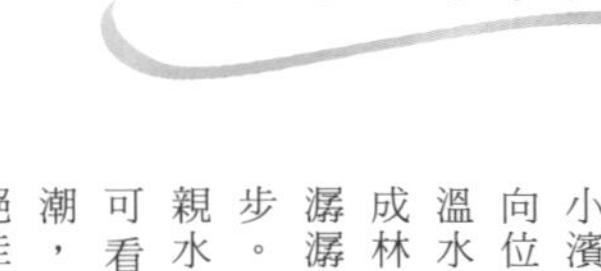

循著流經市區的河川出發展開水岸散步

源兵衛川是以JR三島站前「樂壽園」內的小濱池為源頭，一路流向位於國道1號南側的溫水池。河川沿途規劃成林蔭道，可以在感受潺潺流水的同時悠閒漫步。散布在河川沿岸的親水廣場，每到夏天便可看見開心戲水的人潮，是座落在城市中的絕佳親水景點。

孩童在「#dilettante cafe」附近活力充沛地跳過腳踏石的模樣，也能瞧見居民來往的樣子

河川沿岸設置了令人懷念的手壓泵浦和噴水池、水車等，讓水岸充滿許多有趣機關

SPOT 2

源兵衛川 げんべえがわ

☎055-983-2643（三島市都市整備部水與綠之課）⌂靜岡県三島市芝本町 ⓛ自由散步 Ⓟ無 👣JR三島站步行10分

午餐僅供應全餐1620日圓～。照片是很受歡迎的「啤酒燉煮和牛頰肉」（加差額550日圓），是花上8小時熬煮出的講究菜色

店內還會不定期舉辦演唱會等活動，能品吟藏量豐富的葡萄酒盡享奢侈時光

Lunch Time

在俯瞰源兵衛川的頭等座飽享絕品義大利菜

遊逛完源兵衛川之後，來咖啡廳歇歇腳。「#dilettante cafe」可以讓你度過美好的午餐時光，這裡吃得到將三島當地蔬菜與沼津鮮魚入菜的義大利風美味料理。店內採歐風路線的時尚裝潢，瀰漫著濃濃藝術氣息。由於視野開闊的露台座位能眺望河川景色，因此非常受歡迎，建議先訂位。

還能欣賞藝術

甜點時間不妨換個心情，到3樓的姐妹店咖啡廳「waltz.」享用。還設有藝廊空間，也會舉辦企劃展覽

SPOT 3

#dilettante cafe
ディレッタントカフェ

☎055-972-3572
⌂靜岡県三島市緑町1-1 ⓛ午餐12:00～14:00，晚餐18:00～22:00（週六、日為16:00～咖啡廳開始營業）㊡週一、二
Ⓟ無 👣JR三島站步行10分

漫步公園

愛上可愛雜貨

有可愛人偶迎賓 蔥綠親水的城市綠洲

因過去有來自富士山的湧泉宛如瀑布般湧出，而有了「白瀧公園」之名。園內有富士山爆發時熔岩流動至此的痕跡，隨處可見凹凸不平的熔岩，而泉水大約是從6月開始湧現。不妨坐在草木圍繞的水岸上，在樹蔭下乘涼休息一番，不知不覺便會忘了時間的流逝。

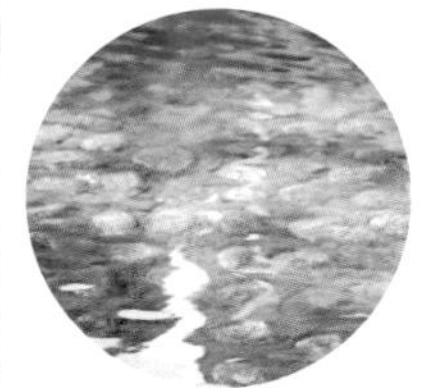

從熔岩縫隙中湧出的地下水會流向櫻川。為三島的第一大湧泉池，以水量充沛為特徵

務必來嘗嘗富士山雪融水的甘甜

位在JR三島站附近，能讓人充分感受水都三島的白瀧公園，高聳的櫸樹群能舒緩夏季熱浪

請喝喝看甘甜湧水

在園內入口發現機關人偶「めぐみの子」，是一處飲水場所，人偶會在發出「嘿咻」的吆喝聲同時動起來汲水

SPOT 4
白瀧公園 しらたきこうえん
☎055-983-2643（三島市都市整備部水與綠之課）⌂靜岡県三島市一番町1-1
🕒自由散步 🅿無 👣JR三島站步行5分

Shopping

以白色為基調的店內擺滿了最適合當禮品的原創商品

柔和陽光透過窗戶照射進來的明亮店內

將無名指伸入杯子的把手，就好像戴著真的戒指似的馬克杯3780日圓

造型採象徵日本的富士山形狀的波佐見燒碗公 BLUE&RED COUPLE 5400日圓

富士山商品的款式也很豐富

位在白瀧公園旁的製品品牌「Floyd」所直營的商店。相當具有Floyd特色的店內擺放著設計感超群、既可愛又獨特的雜貨，寬敞的空間相當舒適，可以在悠閒放鬆之餘，享受慢慢挑選伴手禮的樂趣。品味非凡的多樣商品，或許也會讓人想買點東西給自己呢！

商店位在從三島站南口走往三島大社方向的大馬路上

SPOT 5
Floyd 三島店
フロイドみしまてん
☎055-991-1881 ⌂靜岡県三島市一番町2-31 フォンテーヌu. 1F
🕒11:00～19:30
㊡不定休 🅿無
👣JR三島站步行5分

前往大自然恩澤環抱的
伊豆大島

東京出發約2小時

從竹芝客船航運中心出發，乘著高速船僅需大約2小時。因火山爆發而形成的伊豆諸島最大島嶼——伊豆大島。萌芽的綠意包覆住黑色岩壁的三原山周遭，有在草原上靜靜吃著明日葉的乳牛群。島上所到之處，都充滿了豐饒大自然的恩澤所帶來的溫柔力量。

就位於都市的不遠處 時光緩慢流逝之地

從東京往南大約120公里，座落在太平洋上的伊豆大島雖然是座離島，但可是貨真價實地隸屬於東京都，也是距離都心最近的伊豆群島之一。搭乘高速船從竹芝港出發約2小時，度過短暫又舒適的船旅後，眼前就是一片湛藍的壯麗海洋，以及獲得聯合國教科文組織認證為地球活動遺產「地質公園」的那片由火山交織而成的驚豔景致。只要走出都市，立刻就能感受到溫暖氣候所孕育出的島嶼時光，這樣的便捷性就是伊豆大島的最大魅力。

雄偉的三原山是備受重視的島上自然景觀象徵。而在其周圍延伸枝枒的，則是被譽為本島恩澤的山茶花樹。另外還有島上自然生長且營養豐富的明日葉，以及一派悠閒，以明日菜為食因此非常健壯的乳牛群。除了這些能使心情感到溫暖的沉穩風景之外，島上還有時尚咖啡廳、滋味豐富的甜點店等能夠激發好奇心的美食景點散布於各處。不僅有特產的山茶花油等製品，更有讓人想獻給珍愛親友的優質伴手禮。

在開車約1小時半就能環島一圈的小小島上，有著能接觸富饒大自然和獨特文化的兩大樂趣等著您來發掘。伊豆大島所擁有的這種最原始的絕佳平衡，一定能為這趟旅程添上更多美好。

站在由紅色熔岩的顆粒沉降堆積而成的「赤禿」上，遠眺沉入大海的夕陽

往伊豆大島的交通方式

若搭乘飛機
從調布飛行場到大島機場約25分

若搭乘高速船
從竹芝棧橋到元町港或者岡田港約1小時45分

※由於出發和抵達的港口會視天候在當天早上決定，離開島嶼當天請確認每早播放的島內廣播

1.能眺望富士山的日落棕櫚線（サンセットパームライン）是欣賞夕陽的絕佳地點　2.抵達元町港的色彩繽紛高速船　3.生長於熔岩的黑色岩壁上的多肉植物　4.在島上自然生長的山茶花會在11月底到3月左右綻放　5.在沿海步道發現藍色野鳥
6.酪農業盛行到曾被稱為霍爾斯坦牛島　7.綿延長500公尺的地層斷面　8.坐在岡田港巷弄裡的小貓

1.使用100%天然山茶花油製造，無論頭髮或肌膚都能塗抹的三原椿油迷你罐10mℓ各540日圓　2.還有大容量的罐裝，40mℓ 1026日圓～，150mℓ 2160日圓

來去參觀山茶花油的製造工廠

伊豆大島自古以來便以山茶花油的產地而著稱，但是到底山茶花油是怎麼製造出來的呢？我們抱持著純粹的好奇心，親自探訪了製油廠。

開花結果需花上30年 山茶花樹就是本島的珍寶

我們造訪的是位在元町港附近，於1929（昭和4）年創業的老店「三原椿油 高田製油所」。迎接我們的是第四代的高田義士先生。山茶花油的原料來自於島上生長的日本山茶花種子，這裡並沒有所謂的"山茶花樹農家"，全都是當地人從自然生長的樹上摘取蒐集而來，也有不少人只採收自家所需要的量，再拿到製油所請他們榨油。正因為山茶花長久以來便與島上生活息息相關，他們也會將富含油分的樹幹做成好用的木炭、將花瓣拿來做染料，再將榨油後的油渣作為肥料使用。

工廠內正好在進行榨油的工程，蒸熟壓碎種子的芬芳香氣盈滿於室。高田製油所的山茶花油全都以玉締式壓榨機這種明治時代製造的古早榨油機，花上1小時連殼一起壓榨，接著以不開火的方式慢慢過濾，才能完成純度100%的山茶花油。

高田先生表示「從種下山茶花樹苗到它生長、開花結果需花上30年光陰。正因為它無法輕易量產，所以我認為大量生長在這座島上的山茶花樹是最美好的財產」。

透過山茶花油的故事感受大自然賜予的美好

提到山茶花油，是不是就會聯想到它能呵護美麗秀髮的功效呢？其實這歷史十分悠久，山茶花油竟然從平安時代開始就被視為保護黑髮的髮油而深受女性喜愛。而山茶花油益於頭髮的原因在於它含有大量的「油酸」，與健康的皮膚所分泌出的脂肪成分擁有相近的性質，再加上其不易氧化的性質，如今我們也發現了山茶花油也是很棒的皮膚美容油。

此外，島上居民也將山茶花油作為食用油愛用著，高田先生尤其推薦用來油炸食物，他解釋道「由於山茶花油很耐高溫，可以炸出酥脆好吃的口感喔」。因為山茶花油也有帶出香醇滋味的效果，進而衍生出取代奶油塗在吐司上的吃法。也可以在生菜上灑上山茶花油和胡椒鹽，做成散發出淡淡山茶花香的沙拉來享用。

榨取出一個大圓桶的油量，需要用上600公斤的山茶花種子。或許就是因為他們只使用需要的量而不大量生產，才能夠守護住壯觀的山茶花樹。我們藉由工廠一窺備受重視的山茶花油故事，深刻體會到伊豆大島的大自然恩澤所帶來的富饒萬物。

3.從明治時代就用到現在的榨油機一字排開　4.過去三原椿油所使用的油瓶外形復古又可愛　5.將碾碎的山茶花種子蒸熱的大筒子

還有可食用的山茶花油

6.可放在餐桌上的玻璃瓶裝食用山茶花油130ml 1836日圓（左）、罐裝500ml 4968日圓（右）　7.比橄欖油還要富含油酸的山茶花油具有降低膽固醇的功效

可說是島上的資深老字號製油廠，將伊豆大島產的日本山茶花果實以自古傳承下來的玉締壓榨法萃取，製造出顏色金黃的最高品質山茶花油。位在距離元町港沒幾步路的這間工廠內，還有可以購買食用油和香皂等所有製品的直營店。雖然只要在營業時間內不需預約就能參觀工廠，不過每月僅有2天會進行榨油作業，因此若想實際參觀榨油過程的話，建議事先以電話確認較佳。

三原椿油 高田製油所
みはらつばきあぶらたかたせいゆじょ

☎04992-2-1125 ⌂東京都大島町元町1-21-1 ⏰10:00～17:00
休 不定休 ¥ 免費參觀
P 無 元町港步行5分

可嘗試山茶花油按摩療程的飯店

1.有柔和光線照射進來的芳療室，傳入耳中的只有樹葉摩擦的窸窣聲及鳥鳴聲，能享受身心獲得解放的感覺　2.附露台的亞洲風「K」房型，30m²的挑高空間可度過閒適時光

用山茶花精油按摩♪

豐沛大自然環抱、座落在山腰處的度假飯店。為了打造出私人的美好時光，1天只供3組客人住宿。在採取預約制的芳療室，則準備了使用山茶花精油的療程，並搭配能導出自然治癒力量的「整骨療法」。從頭皮到四肢，全身使用大量山茶花油並以舒適的力道按摩，讓肌膚找回原本清爽帶光澤且具有彈力的狀態。

Hotel & Resort Mashio ホテル&リゾートマシオ

☎04992-2-7317 ⌂東京都大島町元町大洞492-1
⏰IN 15:00、OUT 10:00 室 洋室2、和洋室1 休 無休（芳療室採預約制，非房客亦可使用）¥ 山茶花精油按摩『RELAX』療程60分10000日圓 P 有 町役場前巴士站步行15分
※提供從港口、機場前來的接送服務（需預約）

新鮮海產一字排開
與元町港對望的海鮮茶屋

以本島捕獲的當地魚產為中心，並提供明日葉及臭魚乾等伊豆大島的鄉土料理，自己醃的鼈甲蓋飯以日本櫛鯧和瓜子鱲為主。由於夏天時會使用6月正當令的新鮮島辣椒來醃製，辣中也能吃到清爽香氣。不但有鼈甲蓋飯和壽司，生魚片也是絕品。從寬闊的和室座能清楚看見元町港的風景

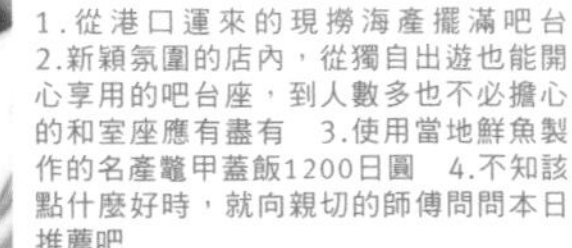

1.從港口運來的現撈海產擺滿吧台 2.新穎氛圍的店內，從獨自出遊也能開心享用的吧台座，到人數多也不必擔心的和室座應有盡有 3.使用當地鮮魚製作的名產鼈甲蓋飯1200日圓 4.不知該點什麼好時，就向親切的師傅問問本日推薦吧

寿し光 すしこう

☎04992-2-0888
🏠東京都大島町元町1-4-7
🕒11:00～14:00、17:00～21:00
休週三 P有
👣元町港即到

大口享用 島上的推薦美食♪

彷彿與伊豆大島的風土及文化一併發展起來的島嶼料理，在此整理出只有在這裡才吃得到的名產美食。

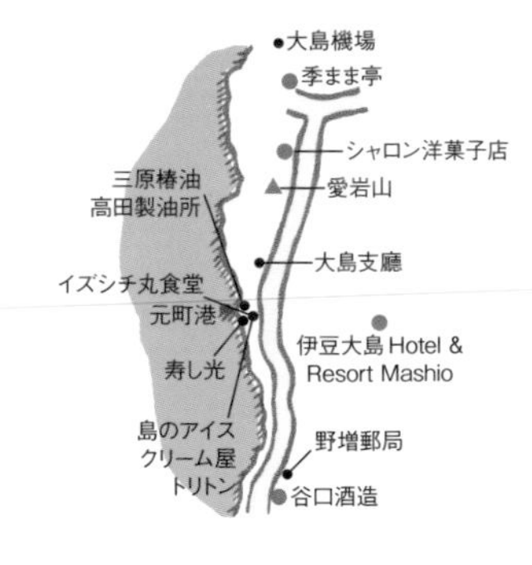

還會附送貼紙＆糖果

島島便當

除了櫛鯧的鼈甲壽司以外，還有用大島的天然鹽和紫蘇燉煮的鹽味蒟蒻、明日葉等美味配菜的組合700日圓，小船的船頭還有代替甜點的糖果。數量有限，建議預約

鋪滿鼈甲壽司的船型便當

塗上一層橄欖油的櫛鯧鼈甲壽司，搭配梅子加芝麻醋飯一同品嘗的「島島便當」是鼈甲壽司的進化版，分別在元町港、岡田港開店的「イズシチ丸食堂」都有販售。由於當天營業的店鋪會視船隻的預定出海行程而變換，當天早晨先確認好預計開店的分店較為放心。

イズシチ丸食堂 イズシチまるしょくどう

☎04992-2-4380(元町店) 🏠東京都大島町元町1-18-3(元町店)
🕒9:30～最後出港時間 休無休(船隻停駛時公休) P有
👣元町港即到

1.山茶花城內部是由灰泥塗料打造的一片純白空間　2.可以試喝比較款式多元的燒酒再購買（試喝需收費）

添加明日葉的正統燒酒 御神火

在酒醪發酵的階段加入明日葉釀造而成的麥燒酒，在豐醇的麥香背後有股明日葉溫和的青草味，加熱水稀釋能凸顯甜味的喝法深受女性喜愛。720ml 1140日圓

以音樂的力量釀造美酒，島上唯一的釀酒廠

持續釀造取名自三原山火山口噴發出神之火的道地燒酒「御神火」，是伊豆大島唯一的釀酒廠。為了引出獨特的深層風味，在酒醪發酵時會放莫札特的音樂來釀酒。只要預約即可試喝。因在屋頂種植山茶花樹而被稱為「山茶花城」的美麗建築物也值得一看。

谷口酒造
たにぐちしゅぞう

☎04992-2-1726
東京都大島町野増ワダ167
9:00～16:00
休 调日(週六、假日為不定休)
P 有
野増巴士站步行3分

滿滿的自栽蔬菜 充滿暖意的獨棟咖啡廳

彷彿像間歷史悠久的古民宅，以穩重的木質空間為亮點的獨棟咖啡廳。用於料理的蔬菜大多是老闆夫婦在自己的田所採收的自栽蔬菜，將稍微煮過的明日葉配上大量鮪魚來增添風味的明日葉燉飯很受歡迎。天氣晴朗時也推薦坐在微風宜人的露天座。

季まま亭 きままてい

☎04992-2-2400 東京都大島町元町北の山205-4 11:00～18:00
休 週一、二，有不定休
P 有 大島空港入口巴士站即到

1.佐自製沙拉的明日葉燉飯850日圓，午餐時間還有套餐1100日圓，會附上滿滿當季蔬菜的湯品和甜點　2.天花板挑高，相當有開闊感的店內　3.21年來都在這個地方打理餐廳的老闆夫婦　4.令人印象深刻的外觀

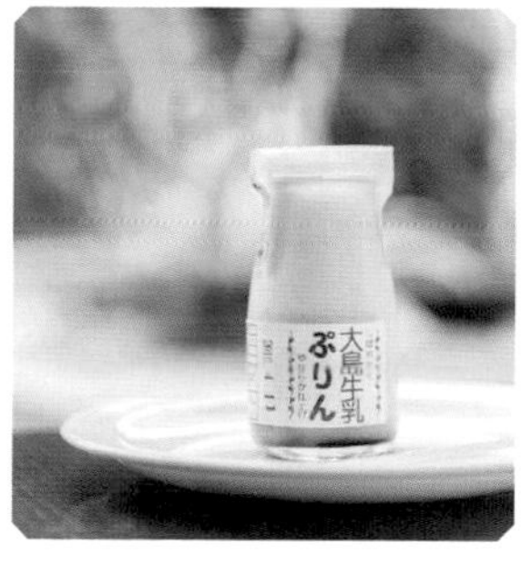

大島牛乳布丁330日圓，無多餘添加物，單純以鮮乳、蛋、砂糖製作的溫和風味

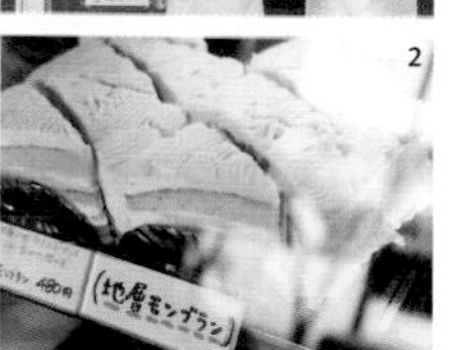

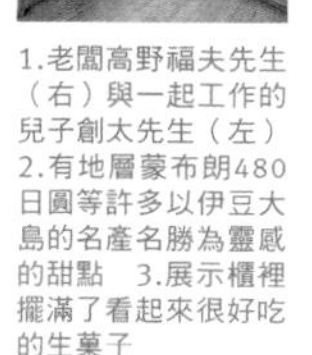

將現擠風味原封不動保存下來的"Q彈"布丁

推出多種採用島上新鮮食材製成的特色甜點，高人氣的「大島牛乳布丁」是不會太甜、重現出接近現擠風味的招牌商品。使用專用的長湯匙，將微苦的焦糖與Q彈軟嫩的布丁攪拌在一起，最後像喝牛奶一樣大口暢飲。除了有多款賞味期限較長、適合當伴手禮的烘焙點心，還有使用泡芙餅皮製作的特製漢堡「泡芙漢堡」等輕食。

1.老闆高野福夫先生（右）與一起工作的兒子創太先生（左）　2.有地層蒙布朗480日圓等許多以伊豆大島的名產名勝為靈感的甜點　3.展示櫃裡擺滿了看起來很好吃的生菓子

シャロン洋菓子店 シャロンようがしてん

☎04992-2-3677 東京都大島町元町地の岡65-119 10:00～18:00 休 週四、第3週三
P 有 地の岡巴士站即到

大島牛奶冰淇淋（甜筒）

明日葉＋百香果（左）、紫番薯＋鹽味香草（右），皆為300日圓

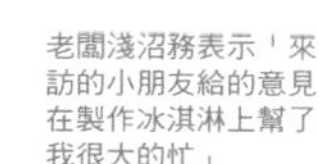

老闆淺沼務表示「來訪的小朋友給的意見在製作冰淇淋上幫了我很大的忙」

島上食材×大島牛乳的美味交響曲

採用大島牛乳製作的冰淇淋專賣店，以明日葉和安納番薯等伊豆大島產的食材為中心，隨時備有20～30種口味的冰淇淋，為了彰顯食材本身的風味而不加太多糖。會在一般大小的冰淇淋上再加一球較小冰淇淋的「雪人」等能一嘗多種口味搭配的設計也十分有趣，在當地孩童之間是很受歡迎的點心。

1.隨時備有25種口味，夏天更有超過30種口味　2.散發出懷舊氣息的店內

島のアイスクリーム屋トリトン
しまのアイスクリームやトリトン

☎04992-7-5425 東京都大島町元町1-10-9 11:00～18:00(週六日、假日為10:00～16:00) 休 週三(7～8月無休)
P 無 元町港步行5分

探訪坐擁綠意與藍海，自然景觀豐富的半島

山海療癒人心的千葉・房總輕旅行

依山傍海、氣氛悠閒的房總半島。
將一切託付給大自然，便能感受到身心慢慢的跟著放鬆下來。

THERMES MARINS的溫水游泳池AQUATONIC，有步行浴和座浴等13種泡湯設施

運用海水的水療和絕景咖啡廳
感受大自然的房總之旅

從東京搭電車約1小時即可到達，千葉房是能充分感受閑靜大自然的旅遊勝地。房總的氣候溫暖，春天總是比東京早一步來到這裡。

在這裡可以坐在豐饒自然景觀環抱的療癒系咖啡廳愜意享受，或是體驗看看活用大海能量的海洋療法，不妨來趟讓全身感官沉浸在富饒大自然的療癒之旅吧！

在溫水游泳池AQUATONIC還能嘗試水中運動等活動

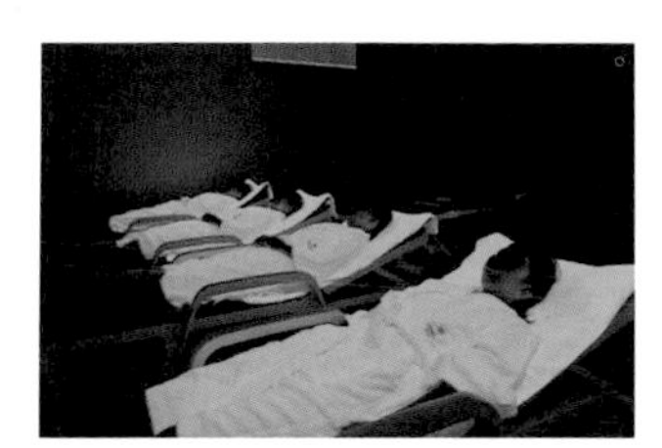
躺在以滿滿的海水霧氣重現海洋型氣候的暗房放鬆身心

身體磨砂膏有多種選擇，可以選出適合自己肌膚的磨砂膏

藉由活用大海能量的海洋療法進行排毒

THERMES MARINS DU PACIFIQUE是和法國的THERMES MARINS公司所合作的正統海洋療法設施。海洋療法是藉由海水和海藻等元素來提升身體的自我治癒能力，且獲得醫學證實的自然療法，自古以來備受歐洲人所喜愛。在這裡可以依據不同需求來體驗五花八門的療程。

將身體交付給海水浮力的皮西納療程

有許多成熟女性為了追求療癒和美容而來的設施

這裡提供法國知名的長棍麵包三明治以及注重健康的低卡路里午餐等

可以穿著浴袍在咖啡餐廳自在休息

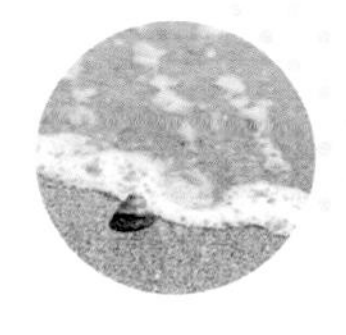

THERMES MARINS DU PACIFIQUE テルムマラン パシフィーク

‖勝浦‖ ☎0120-655-779(預約中心櫃檯9:00～18:00) 千葉県勝浦市興津1920BLUEBERRY HILL內 9:00～21:00(最後入館20:00) 休無休 ¥AQUATONIC 4320日圓～，1泊2食AQUATONIC套裝行程18792日圓～(2人1房／1人費用) P有 JR勝浦站搭乘接駁車(需預約)20分

位在腹地內的住宿設施BLUEBERRY HILL勝浦的寬敞客房

絕美的濱海咖啡廳

在視野絕佳的地方，有迷人的咖啡廳坐鎮。能遠眺湛藍地平線的濱海咖啡廳，以及綠意盎然的山林咖啡廳，您喜歡哪一種呢？

座落在山崖上的獨棟咖啡廳

GAKE
ガケ

獨自佇立在山崖上的絕景濱海咖啡廳，可以品嘗隨時備有約3種口味的蛋糕，一面盡情瞭望視線範圍內毫無遮蔽物的海洋景觀。

‖夷隅‖
☎050-7551-2238
⌂千葉県いすみ市岬町和泉2404-21 ⏰12:00～17:00 休週二～四(1、2月公休，冬季營業日需上官網確認) P有 👣JR太東站車程10分

1.坐在面朝大海設置的長椅上，獨占絕美景致　2.也推薦坐在靠窗座悠哉享受，每張桌子還備有眺望風景用的望遠鏡　3.添加伯爵茶茶葉的戚風蛋糕600日圓

曾作為電影外景地的海岬咖啡廳

音楽と珈琲の店 岬
おんがくとこーひーのみせみさき

由熱愛音樂的老闆所經營的小小咖啡廳，位在能俯瞰海洋的山崖上，可以一面品味用鋸山湧泉所沖泡的咖啡，獨享一片美麗景致。

‖鋸南‖ ☎0439-69-2109 ⌂千葉県鋸南町元名1 ⏰10:00～傍晚 休無休 P有 👣JR濱金谷站步行20分

1.曾經是電影《不思議的海岬咖啡屋》的故事背景，建造於俯瞰海景的山崖上　2.披薩吐司500日圓、綜合咖啡500日圓　3.透過窗戶欣賞大海，晴天時還能望見富士山

療癒的山林咖啡廳

cafe GROVE
カフェグローブ

深居在富津市「龜田之森」裡的私房咖啡廳。除了甜點以外，還供應辣味咖哩1000日圓及亞洲風味餐1000日圓（僅限夏季）等午間餐點。

‖富津‖ ☎0439-66-0936
⌂千葉県富津市亀田1237
🕒11:00～17:00
休週二、三 P有
‼JR佐貫町站車程5分

1.咖啡廳對面的小型美術館可以自由參觀　2.佐糖煮天仙果和蘋果的起司蛋糕450日圓　3.微風吹拂的開放式空間十分舒適的店內，四周有草木環抱，鳥鳴聲悅耳宜人

Mai Café マイカフェ

聳立於田野間，總共10席的小小咖啡廳兼一手包辦巧克力製作的店家。在彷彿時間靜止般的靜謐空間內，品嘗以自製巧克力製作的優質甜點。

‖市原‖ ☎0436-96-1275 ⌂千葉県市原市田淵1539 🕒11:30～17:00 休週一～三 P有 ‼小湊鐵道上總大久保站車程5分

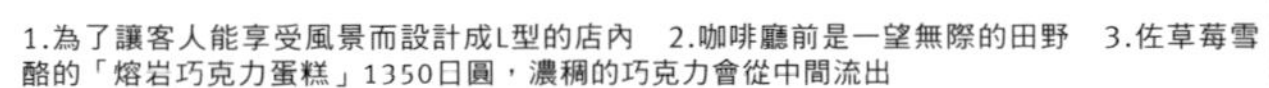
1.為了讓客人能享受風景而設計成L型的店內　2.咖啡廳前是一望無際的田野　3.佐草莓雪酪的「熔岩巧克力蛋糕」1350日圓，濃稠的巧克力會從中間流出

吃得到道地 義大利菜的酒吧

SOTOBO STAND UZU
ソトボウスタンドウズ

曾經在義大利深造過的主廚大展身手，大量使用房總在地鮮魚所烹製的菜餚備受當地衝浪玩家好評，務必來搭配葡萄酒悠閒享用一餐。

‖一宮‖ ☎0475-47-4482 ⌂千葉県一宮町一宮10129-2 ⏲11:00～22:00 休週一 P有 👣海岸三角巴士站步行5分

1.義大利風味的米飯可樂餅1個180日圓　2.令人想搭配冰涼白酒一起享用的白酒蒸北海道產小牡蠣1600日圓　3.青醬風味海瓜子手打貓耳朵麵1450日圓

距離衝浪客雲集的一宮海岸只有幾步路的絕佳位置

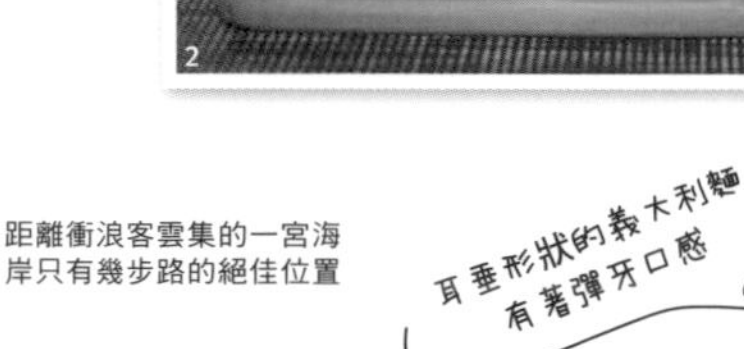

耳垂形狀的義大利麵 有著彈牙口感

盡情品嘗山村、沿海的自然滋味

地產地消的房總美食

從剛捕上岸的活跳跳海鮮到生長在充沛陽光下的蔬菜，正因為這裡是食材豐富的地區，人氣餐點也是琳琅滿目。趕快來大肆品嘗在地人推薦的房總美食吧。

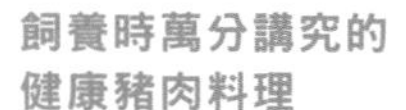

飼養時萬分講究的 健康豬肉料理

恋する豚研究所
こいするぶたけんきゅうじょ

由農場直營的餐廳，吃得到以彈牙口感、油脂部分帶微微甜味為特色的品牌豬肉「戀愛豬」。最受歡迎的涮涮鍋提供五花肉和腿肉2種部位，可以實際比較兩者的風味差異。

‖香取‖ ☎0478-70-5115 ⌂千葉県香取市沢2459-1 ⏲11:00～15:00(午餐)、15:00～18:00(餡蜜時間) 休無休 P有 👣開進入口巴士站步行3分

1.可將Q彈的豬肉搭配當地新鮮蔬菜一同享用的戀愛豬涮涮鍋定食1280日圓　2.透過大片玻璃窗飽覽綠意蔥蔥的森林　3.建築物的設計很時尚

以四季變化的食材烹製雅流懷石料理

愚為庵
ぐいあん

座落於山村內，採完全預約制的農家餐廳，能在屋齡超過200年的老民宅一嘗以京都家常菜為靈感來源的創意懷石料理。無論日夜都僅供應主廚全餐，端出一道道將自家栽種的蔬菜和無農藥米、在地產食材入菜的精緻佳餚。

‖御宿‖ ☎0470-68-5927(需預約)
⌂千葉県御宿町上布施2194
🕒11:30～19:00 休不定休 P有
👣JR御宿站車程7分

在田裡十分活躍的
大忙人「合鴨」

1.活用屋齡超過200年的茅草屋頂古民宅　2.無農藥米是以合鴨農法自家栽種　3.在一片寂靜的屋內，就好像時光凍結一般　4.盛滿各式各樣料理的午間全餐3780日圓～，從前菜到甜點等發揮食材特性的菜色會一道道端上桌

彷彿置身於國外的海灘度假區

THE SURF OCEAN TERRACE
ザ・サーフ オーシャンテラス

位於稻毛海濱公園內的法式餐館，用上在房總外海捕獲的海產、當地合作農家的蔬菜所推出的法式風味餐點有著豐富選擇。1樓的「Brioche Dorée」使用可頌吐司製作的法式吐司也頗受歡迎。

‖千葉市‖ ☎043-279-4155 ⌂千葉県千葉市美浜区磯辺2-8-3稻毛海濱公園內
🕒11:00～21:00 休週二 P有
👣稲毛ヨットハーバー巴士站即到
※2017年預定展開擴建工程

莓果的酸度
彰顯出甘甜風味

1.將主要來自房總的新鮮海產大量燉煮而成的房總馬賽魚湯1512日圓　2.綜合莓果法式吐司1296日圓，外皮酥脆而裡頭濕潤滑嫩的絕佳口感　3.宛如沿海度假飯店般的風情

深沉而緩慢地做幾個深呼吸 由內而外煥然一新

從東京出發途經JR松本站，約需3小時20分。安曇野是個廣布於北阿爾卑斯山腳下的恬靜田園地帶。在讓人不禁想深呼吸一下的清澈空氣包圍下，街上隨處可見從群山湧出的清泉流瀉。這裡不但能從事戶外活動，走訪散布各處的美術館和花園也是造訪此地的一大樂趣。

「La CASTA Natural Healing Garden」地處安曇野的雄偉大自然之中，是一處能感受植物療癒力量的景點，由當年在日本推動芳療普及化的先驅化妝品牌「La CASTA」的製造工廠所經營，不僅希望客人能藉由自家產品讓肌膚外層更加美麗，更抱持著「透過

一天限定100人的私房花園——La CASTA Natural Healing Garden

1.庭園內的花草是在自家農場所培育出來的 2.飲水處會流出北阿爾卑斯山的天然水，也用在La CASTA的產品上 3.隨著四季流轉而能欣賞到不同設計的季節庭園 4.宛如身處在草原上的草地庭園

在流水與綠意芬芳的安曇野，來場香草療癒之旅

以「La CASTA Natural Healing Garden」為首，踏上親近安曇野的清新空氣、流水、綠意的旅行，感受此處的閒適時光。

植物的生命力與治癒能力來由內而外散發美麗，並讓人煥然一新」的理念所打造。

雖然是在2006年開幕，卻花上了長達5年歲月執行造園的準備工作。喬木約有150種共700棵、灌木約有100種共3000棵，至於花草則種植多達800種。在打造當初，便是希望這裡能成為一座用五感體會的庭園，由衷盼望所有訪客的身心都能找回活力並變得美麗。為了避免人潮過多，1天能入場的人數僅約100人。來此散步後肩膀似乎漸漸放鬆，心情也輕盈了起來。

庭園四周則散布著能盡享安曇野自然風情的咖啡廳和餐廳，在藉由妍麗花卉與宜人香氣舒緩心情後，不妨來去尋找能在美景陪襯下填飽肚子的午餐吧。

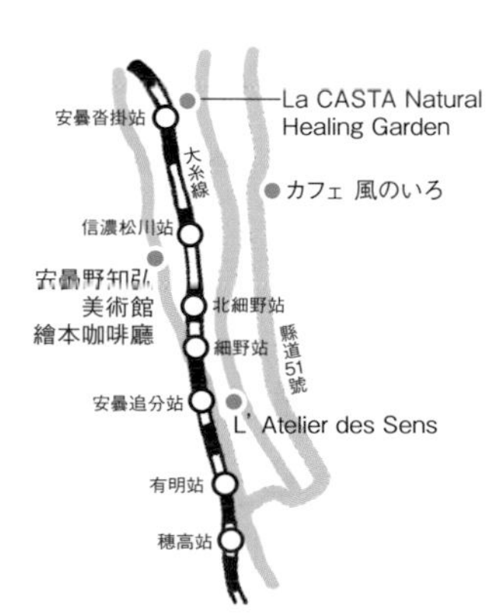

坐在長椅上聽著從瀑布灑落下來的湧泉聲響便能讓心情和緩下來，也是一處適合翻開書頁專注閱讀的場所

閑靜漫步在庭園內

供應特製的草本茶和當地產的果汁，草本汽水各400日圓、紫錐花餅乾250日圓

1.陽光灑落在林蔭間的森林浴景點，種植有山毛櫸科的樹木和山間植物，洋溢著林木的芬芳

2.瞭望室的景觀，可以將庭園全景及安曇野的田園風景盡收眼底，心情也快活起來。天氣晴朗時還能望見壯麗的北阿爾卑斯山

調配室內香氛噴霧的模樣，可選擇3～5種精油搭配

在庭園內的工廠，可親自將採集自植物的溫和香氣和精油加以混合，製作出自己獨創的香氛精油。提供可以簡單抹在手腕及耳後的「精油淡香水」、可以使用於房間和車內的「室內香氛噴霧」、精油型的入浴劑「泡澡精油」等3種選擇，還能請專任的工作人員協助打造完美調和的香氣，或依據「能恢復精神的香氛」、「能放鬆身心的香氛」等需求來給予調配上的建議。

所有項目的體驗費用都是1000日圓，所需時間15～20分鐘，報名時間為10時～11時30分、13時～16時30分（4、10、11月為15時30分前截止），來把世界上獨一無二的香氛帶回家吧。

1

2

1.精油備有最基本的8種和季節性精油2種，總共10種　2.能嘗試手工體驗的工廠是棟豪奢的洋樓，館內還有La CASTA產品的展示間

手工製作出自己喜愛的自然香氛

La CASTA的人氣熱銷精油

想放鬆一下時

薰衣草

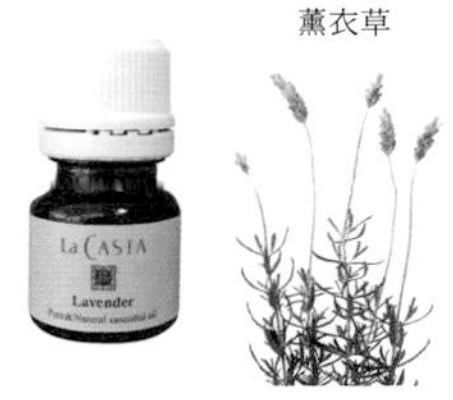

在芳香療法中最受歡迎也廣受各年齡層愛用的香氛精油。能帶來絕佳的舒緩效果，具備了調節自律神經平衡的功用，可以排除精神上的不安與緊張情緒，帶您進入甜美夢鄉

想恢復元氣時

檸檬草

基底是宛如讓人置身草原的清新香氣，味道與檸檬相似。能促進消化，自古以來在印度等地就被作為藥草使用。在恢復精神、讓身心煥然一新的同時，還具有適度的平穩心情功效

想重新提振精神時

柑橘

採集自柑橘的果皮，甘甜清爽的香氣具有能帶走沮喪心情，使人放鬆並重振精神的效果。還可協助人從不安或緊張、壓力、鬱悶的狀態下釋放，讓心情轉向正面的功效

遊客限定小禮物

使用大量北阿爾卑斯山的天然水、植物香氛與精華製作的La CASTA美妝品，這裡更提供遊客在入場時可領取護髮試用品的優惠服務，實際體驗天然香氣帶來好心情的美妝品

在安曇野樂享有清新空氣陪襯的午餐

在安曇野地區，有許多設置了能飽覽四周群山的開放式露台或大片落地窗的午餐景點散布各處，趕快來將美味餐點與優美景致一併享用吧。

ラトリエデサンス
L'Atelier des Sens
☎0263-88-2757
長野県安曇野市穂高北穂高2845-7 Twin Oaks內
10:00～18:00(週六日、假日為8:00～18:00)
*晚餐需在一天前預約，營業～19:30
休 週一(逢假日則隔天週二休) P 有
JR安曇追分站步行15分

1.午間套餐B附有當日主菜、沙拉、湯品等1600日圓，這天是供應以香草醃製過的香煎春雞　2.共有80席的寬敞店內　3.能眺望一片閑靜的風景　4.當地啤酒550日圓　5.平日加250日圓便能加點義式冰淇淋或咖啡，圖中是使用當地酒「大雪溪」酒粕製作的口味

大量使用在地優良食材做出美味料理

由曾經在美國和法國擔任大使館專任廚師的主廚大展身手的這家餐廳，分量十足的菜餚所使用的當地產蔬菜和水果等等，全都是向有交情的生產者採買而來。由於安曇野盛產香草，也積極將其運用在醬料和淋醬上。此外，店內還附設釀酒廠，能暢飲使用含有北阿爾卑斯山雪融水的伏流水所釀造的啤酒。何不來坐在開放式的露台座，搭配午餐一同享用？

1.菇類與山菜拌飯 蔬菜湯品套餐1069日圓 2.可以在陽傘下悠閒用餐 3.天花板挑高，雨天依然呈現出開闊感

觀賞完藝術品後的另一項樂趣

根據山巒設計成同樣調性的安曇野知弘美術館，此處附設的咖啡廳秉持著「希望來客在欣賞完繪本作家的作品後也能愜意度過時光」，而開設在館內景觀最優美的地點。建築上使用了縣內出產的日本落葉松、流經附近的高瀨川上游泥沙，食材也善用安曇野的在地農產，店內的椅子則以在岩崎知弘的繪本中出現的椅子為設計藍本。不妨來徹底放鬆身軀，沉浸於作品的世界觀。

あずみのちひろびじゅつかん えほんカフェ

安曇野知弘美術館 繪本咖啡廳

☎0261-62-0772 ⌂長野県松川村西原3358-24
Ⓛ9:30～16:00 休第2、4週三，12月1日～2月底、黃金週、8月無休 ¥入場費800日圓另計
Ⓟ有 JR信濃松川站車程5分

知弘最愛的草莓口味芭芭露亞562日圓，蘋果冰茶486日圓

カフェかぜのいろ

カフェ 風のいろ

☎0261-85-0005 ⌂長野県池田町池田919
Ⓛ10:00～日落左右
休週三、四（逢假日有所調整）
Ⓟ有 JR信濃松川站車程10分

1.番茄醬義大利麵套餐1200日圓，附上自製麵包和飲品 2.細心濾泡出自家烘焙咖啡 3.庭院有觀星小圓頂，每月舉辦1次觀測會 4.水果蛋糕套餐800日圓 5.露台還設置了望遠鏡

融入於田園風景中洋溢暖意的歇腳處

店長高崎鄉二先生因醉心於安曇野的美麗景觀而放下東京的教職生活，搖身一變成咖啡店老闆。從店內能欣賞到北阿爾卑斯山的山巒景色，庭院則設置了觀星小圓頂，老闆將這裡打造成能盡享鍾愛大自然的地方，並表示「不只是觀光客，能讓在地人重新發現原來自己所住的地方『原來這麼漂亮啊』，就會讓我感到很開心」。這裡是能在自家烘焙的咖啡陪伴下，飽覽四季更迭景致的歇腳處。

便於遊訪安曇野的自行車租借&周遊巴士

只要善加利用自行車租借和遊覽觀光景點的巴士，就能大為擴張行動範圍。

ひつじ屋

在穗高站前提供租借自行車、租車自駕的服務。店內還有咖啡廳、藝廊、販賣二手書的空間，是蒐集安曇野資訊和想歇歇腳時的好幫手。

☎0263-82-3888 ⌂長野県安曇野市穗高5951-1 Ⓛ8:30～18:00
休不定休 Ⓟ有 JR穗高站即到

信濃大町巡迴號

7～10月的週六日、假日（8月則每日）連結信濃大町站、知弘美術館等地點的巴士。只要出示車票就能免預約入場「La CASTA Natural Healing Garden」。

☎0261-22-0190（大町市觀光協會）
Ⓛ1天運行6班（9點時段～16點時段）
¥1日券400日圓、1次券200日圓

擁抱八岳的大自然與星空

鄰近東京都心，興致一來就能立刻出發去觀覽星空的地方
正是與美星町等地共同遴選為「日本三選觀星名勝」的八岳地區。
讓我們前往這片坐擁豐饒自然資源的土地，仰望美麗星空。

連同清新空氣一併感受 日本三大精選星空

從都心出發約2小時，由橫跨在長野縣和山梨縣之間延展出一片緩坡的八岳所圍繞的這塊土地便是坐擁八岳的長野縣南牧村，與岡山縣井原市美星町、沖繩縣石垣市並列，獲選為天文學家選出美麗星空景點「日本三選觀星名勝」。2013年，這2市1村為了守護燦爛星空而頒布了共同宣言。高海拔、全年維持低濕度、周圍無高聳建築物而少光害的環境，正是八岳地區星空耀眼奪目的秘密，而這也是擁有世界最大規模45m電波望遠鏡的「國立天文台 野邊山」設立於此的一大原因。

光是走在路上也會被那壯闊的景觀給籠罩，清新的空氣讓人不禁想大口深呼吸。就讓我們走進八岳的大自然，出發觀星去。

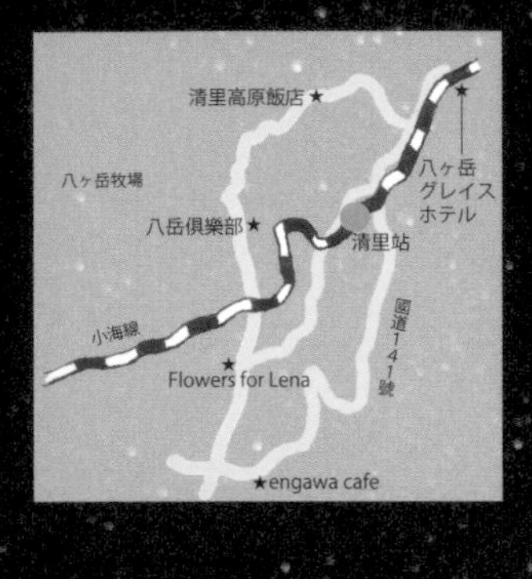

こくりつてんもんだいのべやま
國立天文台 野邊山
位在八岳山腳下的日本代表性電波天文台，設有宇宙電波觀測站，可以免費參觀。
☎0267-98-4300 ⌂長野県南牧村野辺山462-2 ⏲8:30～17:00（7月20日～8月底為～18:00）休無休，不需預約

Access 東京站搭乘JR中央本線特急·小海線到清里站約2小時40分

照片提供：國立天文台 野邊山

在能欣賞星空的飯店度過特別的一天

在全鎮持續推動守護美麗星空的八岳地區，有許多為了使遊客能飽覽星空而費盡心思的飯店。不妨在飯店房間度過沉醉於星空美景的一天吧。

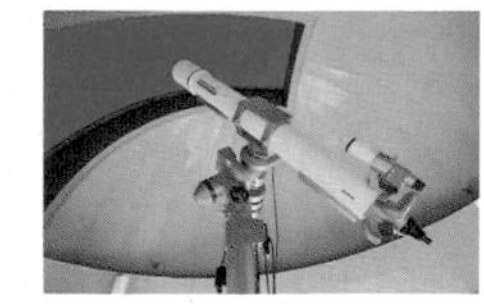

天文台內長約2m的天文望遠鏡，湊近一看更是魄力十足

從座落在高處的飯店，甚至能望見在日本本州不易看見的全天空第二亮的恆星——老人星

清里高原ホテル

清里高原飯店

以觀覽絕美星空為設計理念，位在海拔1450m高的八岳山腰處的飯店。4樓設有專用天文台，每晚舉辦的星空觀察會每天人潮不斷。當您想醉心想像點亮星空背後的星座故事，這裡是絕佳選擇。

☎0551-20-8111 ⓘIN15:00、OUT11:00 ⌂山梨県北杜市高根町清里3545 ¥1泊2食14800日圓～（2人1房的1人費用）Ⓟ有 ‼JR清里站車程5分（提供免費接送）

星空觀察會的會場，工作人員的解說讓人對觀星萌發興趣

星空觀賞會每日舉辦

會場：飯店4樓天文台
時間：20:00～（最後入場21:30）
※雨天時舉辦講座
房客可免費參加

從飯店的所有客房當然都能觀覽星空，眼前就是八岳美景

飯店旁的一大片專用草坪，還可以用Vixen的天文望遠鏡觀星

飯店有附設望遠鏡的特別客房，十分搶手，建議儘早預約

星空觀賞會每日舉辦

會場：飯店專用星空草坪
時間：20:00～21:00左右
※雨天時更改為室內天象儀導覽，房客可免費參加

廣布在飯店上空的璀璨銀河，有時清晰到用肉眼就能清楚看見

やつがたけグレイスホテル

八ヶ岳グレイスホテル

建造在海拔1375m、JR鐵道最高點立牌前的飯店。在每晚舉行的星空觀賞會，可以躺臥在飯店專用的草坪上仰望360度的星空。星空解說員河本玲子小姐表示「八岳的星空以星星的迷人閃爍為一大魅力，請一定要來感受天然天象儀般的景致」。秋冬的氣溫驟降，因此也別忘了做好防寒準備。

☎0267-91-9515 ⓘIN15:00、OUT10:00 ⌂長野県南牧村野辺山217-1 ¥1泊2食13000日圓～（2人1房的1人費用）Ⓟ有 ‼JR野邊山站車程5分（提供免費接送，需預約）

每年11月會在野邊山高原舉辦的人氣活動「手ぶらde星空観覧会」可以輕鬆參加，觀星的初學者也務必來看看

關於手ぶらde星空観覧会的詳情請上網確認→http://www.kanko-nobeyama.jp/sora_girl/

遇見惹人憐愛的花卉與鳥兒在雜木林中漫步

建造於八岳的山腳斜坡林地上的八岳俱樂部，腹地內有步道和商店、餐廳等，可以玩上一整天。不妨在清幽綠意的環抱下度過閑靜時光吧！

能一覽森林的「STAGE」是期間限定的展示空間，圍繞四周的雜木林是柳生博先生在1979（昭和54）年搬至八岳以來，在當地種植自生植物後生長起來的林木

位在中庭的商店內，陳列了各式各樣能開心玩園藝的用品

在森林中發出「嗶可羅羅、嗶可羅羅」優美鳥鳴聲的黃眉黃鶲，特色在於鮮豔的橙黃羽毛

每週日早上9點舉辦的「てくてくツアー」會有工作人員用約1小時的時間來導覽雜木林

八ヶ岳倶楽部

八岳俱樂部

男演員柳生博一家抱持「想讓更多人認識八岳的自然魅力」之理念而開設的複合設施。在整修超過30年不曾中斷的的步道上，能欣賞主打的白樺樹等植物隨四季更迭的風貌，旺季時還會舉辦森林漫步導覽。腹地內除了有販售設計感十足的園藝用品和多種苗木的園藝商店之外，還有餐廳和藝廊、雜貨店等。柳生家族和工作人員的溫馨待客之道也是魅力之一。

☎0551-38-3395
山梨県北杜市大泉町西井出8240-2594 10:00～19:00 休 無休（1～3月有冬季休園）¥ 免費入場 P 有
JR甲斐大泉站車程5分

常設藝廊裡頭展示出玻璃和陶藝、木工藝術家等人的作品，也可以在此購買使用於八岳俱樂部知名水果茶的玻璃茶壺組10044日圓～

著名的水果茶1728日圓（2人份）加入了7種水果，回沖後各有不同滋味

在設施內的餐廳吃到的鬆餅702日圓。除了甜點外，還供應義大利麵和咖哩等鹹食菜色

フラワーズフォーレナ

Flowers for Lena

洋溢著歐洲風情而十分可愛，在當地也廣受歡迎的花店，以面朝馬路的攤販為認店指標。以花農維生的店長鈴木小姐為了讓更多人能輕易接觸花卉，而從約10年前開始在店鋪直接賣花。據說全日本沒有幾家花農能像這裡一樣供應約20種之多的花卉，也提供花束和乾燥捧花等的宅配服務。

☎0551-45-8590 ⌂山梨県北杜市大泉町西井出石堂8240-1069 ⏰10:00～17:00左右 休不定休，僅於夏季、秋季營業 P有 👣JR甲斐大泉站車程5分

用鏡頭捕捉到在攤販後方的工作室前當看門狗的蘿絲

Lena所提供的花卉以擁有堅韌卻柔和的自然韻味而深具魅力

由於店家就位在大馬路旁，而似乎有不少路過來看看的顧客。宛如置身巴黎街頭般的氛圍很迷人

花束有這樣的花量只要500日圓～。秋季還有乾燥捧花也很受歡迎

自製培根與花椰菜的披薩850日圓，香噴噴的培根促進食慾

能飽覽庭院的日式桌席是景觀絕佳的頭等席，還能看見庭院裡的寵物

エンガワカフェ

engawa cafe

建於景觀遼闊的高地，屋齡約90年的獨棟老民宅咖啡廳，走進入口便有3隻山羊來迎賓。庭院裡設有手工水車，帶給人悠哉氣息的“緣廊”所散發出的氛圍格外迷人。兩層樓高的店內空間寬敞舒適，1樓的收銀台旁還有販賣由老闆精選的雜貨等，從義大利菜到自創拉麵都有的菜色也十分多元。

☎0551-47-6065 ⌂山梨県北杜市高根町東井出155 ⏰11:30～15:00、16:00～18:30 休週日、一（逢假日則營業、改翌日休） P有 👣JR甲斐大泉站車程10分

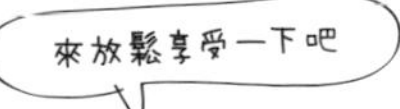

笑容爽朗的老闆木村豐先生，今年邁入開幕第8年

在湖畔度過悠閒時光的諏訪漫步

這是一趟遊訪長野縣內最大的湖「諏訪湖」周邊一圈的小小旅行。泡泡溫泉、在酒廠品酒、隨心所欲在洋溢復古風情的市區到處走走…，在上諏訪、下諏訪這兩大區域，感受搭電車特有的趣味旅程。

從東京的新宿站到上諏訪站，搭乘電車約2小時30分。上諏訪是諏訪湖畔的一大溫泉勝地，散布著旅館和溫泉設施。可以在港口眺望一片閑靜的景致，或是在湖岸公園慵懶散步也不錯，不過近年來這座城市更因能尋訪酒廠而備受矚目。特色在於步行範圍內便有5家酒廠林立，能夠試喝評比運用霧峰高原湧出的優質伏流水來精心釀造的銘酒，這也是電車之旅才能享受到的體驗。

搭JR中央本線多坐一站可到的下諏訪則是一片鄉土的懷舊風景。景點多集中在半徑約1km範圍內也是方便遊逛的原因之一。最近有年輕藝術家的工作室和店鋪竄起，也為這裡帶來了嶄新變化。

選用當季水果的丹麥麵包250日圓。店內擺滿了使用當令蔬果、信州當地麵粉製成的熱騰騰手工麵包，還有獨創特調的現磨咖啡、以信州長門牧場出產的新鮮牛奶製作的霜淇淋等，還可以在內用專區享用

身兼麵包坊＆咖啡廳的店內，不妨挑選喜歡的麵包配上本店獨創的特調咖啡260日圓來休息一下吧

午餐的主菜是信州十四豬，這天是烤豬肉佐蘋果醬，附講究蔬菜的沙拉吧、飲品1800日圓，直接向農家進貨的新鮮蔬菜分量十足

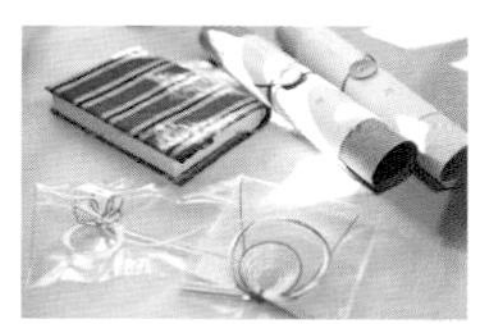

還販售傳統工藝品，飯田水引結各123日圓，右上的內山紙製書衣980日圓，書衣（上田紬）2800日圓

面向諏訪湖的餐廳窗戶寬大，讓自然光照射進來，天花板也特別挑高，呈現開放式氛圍的店內

2010年開幕的美食與文化的複合設施，由集結了與信州生產者推出合作商品的「SHOP」、吃得到風味四溢的當令蔬菜和獨自開發的信州十四豬（多汁豬肉）的「RESTAURANT」、挖掘文化並為生活增添樂趣的「活動會場」、景觀優美的「眺望庭園」等4大設施所構成，同時也是選購伴手禮的最佳景點。

くらすわ

‖上諏訪站‖☎0266-52-9630
長野県諏訪市湖岸通り3-1-30
1樓商店 9:00～19:00、2樓餐廳 11:00～21:00
休 無休 P 有
JR上諏訪站步行10分

位在諏訪市湖畔公園內，這座可以免費泡的足湯是天然溫泉，引流自被視為上諏訪溫泉起源地的諏訪湖畔的七釜源泉。在可容納40～50人左右的寬闊空間，邊眺望諏訪湖和日本阿爾卑斯山的美景邊享受足湯，令人心情暢快。可以在散步途中隨興來消除疲勞和重振精神，身心也會跟著暖活起來。

諏訪市湖畔公園足湯

すわしこはんこうえんあしゆ

‖上諏訪站‖☎0266-52-4141（諏訪市都市計劃課）長野県諏訪市湖岸通り2-208-307 9:00～17:30（4～11月為～18:30）休 無休 P 有
JR上諏訪站步行15分

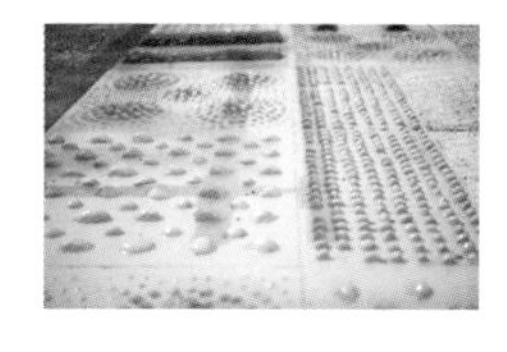

緊鄰足湯的是鋪滿小碎石的健康步道，從腳底往上竄的穴道刺激感恰到好處，也讓精神為之一振

鹽味羊羹950日圓～是大多客人來的目的。珍惜使用對於不面海的信州來說曾經很寶貴的鹽，凸顯出自然甜味

店家就在諏訪大社下社秋宮的寶物殿旁，展示櫃還陳列著五顏六色的季節生菓子，這些也都是手工製作

1873（明治6）年創業，堅守手工製作的鹽味羊羹是下諏訪最具代表性的甜點，外觀是帶有透明感的淺色系，口味不死甜，以微微散發出來的鹹味為特色。被視為茅野當地特產品的純天然寒天則是使用精挑細選的北海道產紅豆，再以橡樹的柴火持續加熱所製作。堅持不開分店，用心守護古早的做法與風味。

新鶴本店
しんつるほんてん

‖下諏訪站‖☎0266-27-8620
⌂長野県下諏訪町木の下3501
🕒8:30～18:00 休週三 P有
👣JR下諏訪站步行10分

「建築雖然老舊，對我來說卻是一座城堡」，讓小口小姐的獨特品味大放異彩的這個空間本身就像一件作品

這裡是擺滿布料小東西和雜貨的店，也是老闆小口綠子小姐的工作室。開店需回溯到10年前，在因藝術家展開新的手工創作而興盛的下諏訪御田町當中，可說是先鋒般的存在。別錯過以諏訪傳說「足長手長怪」為題材的手長腳長手工製木偶「OMIYAGE DOLL」等充滿原創性的作品。

すみれ洋裁店
すみれようさいてん

‖下諏訪站‖☎0266-27-8386 ⌂長野県下諏訪町御田町下3210 🕒12:00～18:00 休週二、三 P無 👣JR下諏訪站步行10分

1.活用觸感懷舊的復古木造建築物，既是一般店家也蘊藏了藝廊的元素　2.店名繼承自過去在這裡營業的西洋裁縫店，至今每天都有人在這個空間內製造作品

諏訪大社在全日本擁有超過1萬多座分社，下社秋宮是諏訪大社四社中的其中一社。諏訪明神是掌管五穀豐收的神明，現在則被供奉為守護生命根源、生活起源的神祇而受到眾多信徒所崇拜。拜殿、神樂殿皆列為國家指定重要文化財。

諏訪大社 下社秋宮
すわたいしゃしもしゃあきみや

‖下諏訪站‖☎0266-27-8035
⌂長野県下諏訪町5828 ⏲境內自由參觀，札場為8:30～17:00 休無休
P有 👣JR下諏訪站步行10分

溫熱的溫泉會從龍嘴流出，十分罕見的手水舍，也被稱為御神湯

1835（天保6）年建造的神樂殿正面所掛著的大型注連繩，長度約有13m，重量更高達1噸

佇立在田野中的石佛。據傳藝術家岡本太郎來參觀諏訪大社的御柱祭時，遇見了這座石佛而頓時感嘆萬千，因而打開知名度。在天然石頭上放上一顆小小佛頭的獨特樣貌，帶給人一種可愛的印象。聽說只要在心中默念心願並繞石頭三圈就能實現願望。

萬治石佛
万治の石仏

‖下諏訪站‖☎0266-26-2102（下諏訪觀光協會） ⌂長野県下諏訪町東山田（諏訪大社下社春宮旁） ⏲自由參觀 休無休
P無 👣JR下諏訪站步行25分

1.房客可以在改建後深具品味的廚房自炊，調味料及烹飪用品應有盡有
2.在鄰近酒廠釀造的當地酒「御湖鶴」500日圓，也提供葡萄醋汽水400日圓等軟性飲料

誕生於2014年，主要提供純住宿的民宿，是一棟將老字號旅館「ますや旅館」重新改裝而成的建築物，不但導入現代風的設計與機能性，從精心打造的欄間到堅固的樑柱、高雅的大門等，隨處可見和風旅館規格的細緻工法。住宿是採合宿房型，空間開闊的客廳在19時以後會變成酒吧，非房客也能來消費。

MASUYA GUESTHOUSE マスヤゲストハウス

‖下諏訪站‖☎0266-55-4716 ⌂長野県下諏訪町平沢町314 ⏲櫃檯營業時間9:00～12:00、16:00～22:00
¥1泊2900日圓～ 休無休 P有 👣JR下諏訪站步行5分

年輕老闆娘齊藤希生子小姐開朗的招呼讓人倍感窩心。除了吧台座外，在這配有紅磚建造俄羅斯火爐的空間內還設有沙發座

何不順道來趟上諏訪酒廠巡禮

上諏訪街道的沿路上，在約500m的距離內便有5家酒廠商店林立。透過熱門活動「上諏訪街道 喝遍酒廠」和全年都有的「隨時極樂 酒廠巡禮」來盡情感受"酒街"吧！

1.創業多年而散發濃濃風情的「酒ぬのや本金酒造」，師傅一身專業的裝扮也格外帥氣　2.在人潮洶湧的顧客中，發現身穿可愛和服來訪的女性身影。據說是深受日本酒的韻味及活動的熱絡所吸引，已經來過好幾次了

酒廠④
さけぬのやほんきんしゅぞう
酒ぬのや本金酒造
☎0266-58-0161
長野縣諏訪市諏訪2-8-21
9～17時(週六為10～17時)
休週日　P有
JR上諏訪站步行9分

1.宮坂釀造在活動開幕的招呼下，開始以木桶酒招待客人，來客的酒杯不斷伸向酒桶　2.位在酒廠裡頭的表演廳會舉辦三味線音樂會，演奏後掌聲此起彼落

角間川

酒廠③
いとうしゅぞう
伊東酒造
☎0266-52-0108
長野縣諏訪市諏訪2-3-6
8時30分～17時(週六日、假日為10時～)　休無休　P有
JR上諏訪站步行9分

眾多參加者大排長龍。各家酒廠都會準備數種酒款，能比較每家的不同風味

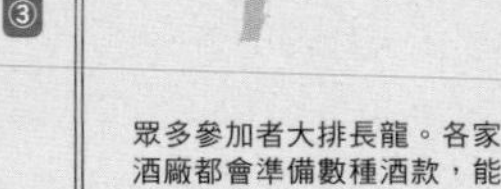

1.宮坂釀造的獨創半纏印有品牌圖案和花紋　2.會場上到處都設有能自由飲用的醒酒水

酒廠⑤
みやさかじょうぞう
宮坂釀造
☎0266-52-6161
長野縣諏訪市元町1-16
9～18時
休無休　P有
JR上諏訪站步行12分

搭電車便能毫無顧忌地享用信州的美酒及美食

從上諏訪站順著平坦道路走約10分鐘，就能看見國道沿線有5家酒廠商店櫛次鱗比，而我們要造訪的是這「諏訪五藏」在每年春秋都會舉辦限定1天的「上諏訪街道 喝遍酒廠」活動。

當天從早上開始便有來參加活動的人潮湧現，讓平常靜謐的街道籠罩在一片熱絡氣氛中。

最先看到的是名為舞姬的酒廠，在粗壯樑柱與土牆洋溢深厚韻味的店內，陳列著甜、酸、澀、辛、苦五種風味調和的順喉好酒。接著是使用溫泉製作的當地啤酒也很受歡迎的麗人酒造，然後也會看見以「橫笛」為代表品牌的伊東酒造、主打「本金」的酒ぬのや本金酒造。釀造出「真澄」而獲獎無數並聞名全日本的宮坂釀造在酒廠的建築上也是氣派非凡，酒廠附設的商店還販賣可愛的酒器等商品。

只有在「上諏訪街道 喝遍酒廠」的活動時，不但有各家酒廠彼此切磋琢磨所釀造的美酒，還會招待豬肉味噌湯，或是提供簡單的下酒菜等服務，街道上還會有傳承鄉土風味的攤販登場，熱鬧非凡。

在屢次造訪的專家之中，不時

參加「隨時極樂酒廠巡禮」首先會拿到「極樂套組」（優惠券和玻璃杯、手提袋）

藉由堅守傳統製法的釀酒方式來造酒的舞姬酒廠，店內擺滿超過30種的名牌酒

麗人酒造對於水十分講究，秉持理念釀造出自己人打從心底想喝的酒。超過20年的老酒「越冬譜」非常出名

酒廠②
麗人酒造
れいじんしゅぞう

☎0266-52-3121
長野県諏訪市諏訪2-9-21
9～18時（週日、假日為～16時）
休 無休　P 有
JR上諏訪站步行8分

酒廠①
舞姬
まいひめ

☎0266-52-0078
長野県諏訪市諏訪2-9-25
9～17時（週六日、假日為～17時30分）
休 無休　P 有
JR上諏訪站步行7分

舉辦「喝遍酒廠」時，這個塑膠製的酒杯就是套票

←往 上諏訪站、諏訪湖

20 上諏訪街道

1.現場會有許多誘人的攤販登場，還有當地媽媽帶來手工的蕎麥豆皮壽司　2.獵師親自烘烤的炭火烤鹿肉等，能輕鬆吃到信州特有的美食

每一家酒廠都有提供商品販賣，種類繁多讓人不禁眼花繚亂。酒ぬのや本金酒造的好酒「本金」不斷嘗試超越自我，誠心希望能打造出備受眾人喜愛的日本酒

酒ぬのや本金酒造的店內還有販售添加日本酒的巧克力、餅乾等甜食

能瞧見年輕女性的身影，或許是受到近年來興盛的日本酒熱潮所影響。據說也有不少人是以這個活動為契機而深受日本酒著迷，已成為常客中的常客。

不光只有舉辦活動時，這裡還推出一整年都能走訪各家酒廠試喝的「隨時極樂 酒廠巡禮いつでもごくらく 酒蔵めぐり」，共通優惠券1800日圓，可以用各間酒廠的原創酒杯喝遍各家自豪的日本酒。對了對了，品酒之餘千萬要注意往來的車輛喔。

event info

上諏訪街道 喝遍酒廠
上諏訪街道呑みあるき

1998年起，每年春（3月）秋（10月）僅各開辦1天，可以一邊品味用心釀造的美酒，隨興暢遊歷史悠久的街道。預售票於日本售票網e+販售，預售價2200日圓。

URL http://nomiaruki.com/

主辦：喝遍酒廠執行委員會
☎0266-52-6161（宮坂釀造企劃部）

2

小小旅行的絕景

旅途中能遇見大海山巒、五彩繽紛的花卉等大自然鬼斧神工下的景觀之美。
讓我們一同追尋撼動人心的絕景，帶著相機出發去。

山梨最具代表性的風景名勝

荒川以秩父山系的主峰金峰山為源頭，而這座雄偉峽谷就位在荒川中游。從天神森到能泉有觀光馬車來往，抵達馬車終點站的能泉之後可以沿著步道走訪覺圓峰、仙娥瀑布。

☎055-287-2158(昇仙峡觀光協會)
山梨県甲府市平瀬町～川窪町 自由參觀
P有 昇仙峡口巴士站下車即到

甲府

昇仙峽
しょうせんきょう

館山

房總花海道路
ぼうそうフラワーライン

景觀遼闊的兜風路線

從館山到和田，沿著海岸線綿延約46km的路線。館山市伊戶到相濱之間約6km的沿路上種植了許多花卉，1～2月底有油菜花，7～8月則是金盞花爭相綻放。可以在看得見海的景點等地，充分感受南房總的自然風光。

鎌倉

稚兒之淵
ちごがふち

搭乘豪華海盜船展開航行

後頭聳立著富士山的蘆之湖是箱根最具代表性的風景勝地。不妨搭上以17～18世紀戰艦為設計靈感而裝飾豪華的箱根海盜船，盡情享受一趟遊湖之旅。

☎0460-83-7722(箱根觀光船) 9:30～17:00(因季節、港口而異) 休天候不佳時
¥360日圓～ P有
桃源台港乘船處位在箱根空中纜車桃源台站附近

箱根

蘆之湖
あしのこ

能欣賞絕美日落的著名勝地

因擁有美麗的夕陽景致而獲選為「神奈川風景名勝50選」的稚兒之淵，其地名來自鎌倉相承院的稚兒白菊在此投淵自盡。

☎0466-24-4141 (藤澤市片瀬江之島觀光服務處) 自由參觀 P無
小田急江之島線片瀬江之島站步行45分

只要把行程
再稍微走遠一些
就能夠遇見
動人絕景

南伊豆

奥石廊崎

おくいろうざき

眺望充滿魄力的遼闊海洋

從小山丘的突出處能將奥石廊崎的斷崖和夕陽盡收眼底。夏季傍晚時，黃花盛開的金針花與日落相映成趣的光景更是動人。

☎0558-62-0141（南伊豆町觀光協會）🏠静岡県南伊豆町石廊崎 🕒自由參觀 🅿有
‼愛逢岬巴士站即到

清里

KEEP農場

キープのうじょう

無邊無際的農場風光

被譽為「清里之父」的美國人保羅·拉許博士所一手開拓的生產農場，也推薦順道來販賣乳製品等的「KEEP FARM SHOP」逛逛。

☎0551-48-4888（KEEP FARM SHOP）
🏠山梨県北杜市高根町清里3545 🕒自由參觀（限從道路上參觀）㊡無休 ¥免費 🅿有
‼JR清里站車程3分

西伊豆

大田子海岸

おおたごかいがん

號稱日本第一的日落名勝

西伊豆町打出「日本第一夕陽宣言」的大田子海岸，夕陽景致倒映在奇岩剪影上令人印象深刻。晴天時的日落時分，會吸引許多觀光客手持相機等待。

☎0558-52-1114（西伊豆町觀光商工課）🏠静岡県西伊豆町田子1077 🕒自由參觀 🅿有
‼大田子巴士站步行5分

輕井澤

雲場池

くもばいけ

以豐沛水量著稱的輕井澤綠洲

擁有“天鵝湖”美譽的雲場池，清澈湧泉盈滿的美麗水池四周設有走1圈約20分鐘的步道，適合來此漫步。秋季可賞美麗紅葉。

☎0267-42-5538（輕井澤觀光會館）
🏠長野県軽井沢町軽井沢 🕒自由參觀 🅿有
‼六本辻巴士站步行4分

在華燈點亮夜景的高原城市輕井澤
讓柔光與暖意洗滌心靈

在寒意日漸濃厚的入冬之際，
從夏日喧囂下獲得解放的
輕井澤籠罩在一片寂靜中，
一年中最為祥和的時節
終於到來。
在澄澈清新的空氣中，
盡情感受
溫泉與熱騰騰的美食。
在燈火璀燦的城市，
度過一段暖和身心的
溫馨假期。

Access
東京站搭乘
JR北陸新幹線
到輕井澤站
約1小時

餐廳和雜貨鋪櫛次鱗比，位在星野地區中心的「榆樹街小鎮」，夜間點燈妝點下，彷彿置身童話世界

Karuizawa Hoshino Area

佇立在此宛如守護著星野地區，高達10m的日本冷杉也會點上華燈，在大樹下感受暖心時刻

輕井澤高原教堂會舉辦聖誕燭光夜，霓彩燈飾和燭光營造出夢幻光彩

溫暖燈火環繞的"華麗季節"

從東京搭乘新幹線約1小時即可抵達，堪稱日本首屈一指的高原度假區——輕井澤，這裡有壯麗大自然以及美食、購物、藝術等無窮樂趣。而在這樣的輕井澤，您知道被譽為"華麗季節"的時令是在冬季嗎？當觀光旺季時人龍不絕的咖啡廳和餐廳總算恢復平靜，這時正是能沉浸在悠閒度假時光的最佳季節。

夜晚的街上美麗燈飾燦爛奪目，呈現一片夢幻氛圍。有教堂和溫泉、美食景點林立的輕井澤星野地區，位在距離JR輕井澤站車程約15分鐘的中輕井澤內，浪漫的夜間點燈使人沉醉，凜冽的空氣更為景色增添一股美感。如果覺得冷，就用溫泉和美味湯品好好地暖和一下吧。

年底年初的例行活動

「聖誕城輕井澤」
每年11月下旬～12月25日舉行
冷杉廣場及榆樹街小鎮、輕井澤高原教堂等都會籠罩在一片燦爛的燈飾下。

「冰與暖意的溫泉街」
每年1月～3月左右舉行
在以天然冰打造的森林溜冰場玩過以後，就到星野溫泉 蜻蜓之湯暖暖身子吧。

☎0267-45-5853(星野地區) 住長野県軽井沢町 星野地區內 休開放期間無休 ◷自由參觀 P有 JR輕井澤站搭乘接駁巴士15分

備受文人雅士喜愛的
溫和膚觸美人溫泉

Karuizawa
Hoshino Area

星野溫泉 蜻蜓之湯

星野温泉 トンボの湯

☎0267-44-3580 ⓛ10:00～22:00
¥泡湯費用1300日圓 休無

1.可以享受與四季流轉的大自然融為一體的露天浴池，冬天會點上竹燈展現夢幻色彩　2.天花板挑高而空間寬敞的檜木製室內浴池，能從大片玻璃窗眺望窗外風景　3.會隨四季變化打造季節溫泉，2月上旬是「橙湯」

在森林中的名湯
暖和身心舒緩壓力

輕井澤的冬季總是飄散著緊繃冷冽的空氣，忍不住想泡泡熱湯時，就前往星野地區的不住宿溫泉「星野溫泉 蜻蜓之湯」吧。彷彿融入於四周森林般的建築物雖然相當現代，不過星野溫泉可是在1915（大正4）年就開業的歷史悠久溫泉。自古以來，這裡便被民眾視為在草津溫泉療養一番後順道走訪的「收尾溫泉」而廣受歡迎。

而這也是因為星野溫泉為兼具碳酸氫鹽的潔淨效果、氯化物的保濕效果這兩種美肌功效的「美肌之湯」，其熱烈好評聲名遠播，也受到北原白秋和與謝野晶子等諸多文人雅士的喜愛。

將這般名湯歷史予以傳承的是在2002年開業的蜻蜓之湯。這裡不但有草木環抱的露天浴池，裝設大面落地窗的室內浴池也呈現一片開闊感。浸泡在浴池中，靜謐的森林景色就在眼前展開，被檜木香氣療癒身心。採源泉放流式的溫泉有著濃滑又柔和的膚觸，能以全身感受輕井澤大自然的愜意時光。

藉由重複多次短時間的泡湯來徹底暖和身體的核心，據說更能加深美肌效果，記得泡湯後要喝杯水補充水分。

泡完湯就在星野地區大啖溫暖美食吧！

1.店內瀰漫出宛如巴黎小餐館的氣氛　2.配料多多的番茄蔬菜湯756日圓（外帶價600日圓），番茄湯加上起司更添濃醇味　3.位在星野地區的人氣景點「榆樹街小鎮」入口處

BAKERY & RESTAURANT SAWAMURA 榆樹街小鎮

ベーカリーアンドレストランサワムラ ハルニレテラス

品嘗熱騰騰的麵包和湯品

人氣烘焙坊附設的餐廳，吃得到天然酵母的現烤麵包和歐風料理。分別使用熟成過的4種自製酵母和多達15種麵粉製作的講究麵包，越嚼越有風味。菜餚上大量使用了當季蔬菜，每一道都和麵包十分對味，從早餐到晚餐都讓人想多來幾次。

☎0267-31-0144 🕒烘焙坊7:00～21:00（因季節而異）、餐廳11:00～21:00（旺季為7:00～22:00）

1.添加滿滿果仁的「冬季儲蓄湯」540日圓，靈感來自將橡實儲備在巢穴裡的小動物　2.溫熱的溫泉布丁350日圓有著古早的樸實風味　3.以黑色為基調的高雅店內

Cafe Hungry Spot

カフェハングリースポット

泡完溫泉後能放鬆小憩片刻的咖啡廳

緊鄰蜻蜓之湯的咖啡廳，能夠眺望著遼闊的草坪廣場一面悠閒用餐，也適合作為泡完溫泉後的休憩及會合處。輕井澤的名產花豆霜淇淋和溫熱甜點「溫泉布丁」等很受歡迎，也務必嘗嘗以手泵打出來的當地啤酒「Yona Yona Real Ale」。

☎0267-44-3571（村民食堂）
🕒9：00～23：00

1.信州的鄉土料理「投汁蕎麥麵」是冬季限定餐點，加入滿滿當令蔬菜　2.與Cafe Hungry Spot在建築物內相連在一起的構造　3.搭配熟成味噌的熱騰騰漢堡排

村民食堂

そんみんしょくどう

鄉土風味一應具全的餐廳

以信州特有的創意日本料理款待客人的家常餐廳，從定食到一品料理都吃得到滿滿的季節風味。寒冷冬季供應的窩心溫暖火鍋料理，備有將蕎麥麵放入大量菇類和蔬菜燉煮湯汁燙過的「投汁蕎麥麵」，以及暖胃的「味噌風味信州鮭魚」等，一人份亦可點餐。當地酒的種類豐富，可以暖呼呼品嘗冬季美食。

☎0267-44-3571
🕒11：00～23：00

湯品及火鍋一網打盡，何不來大吃比較一番？

藉由溫泉緩緩放鬆身心後，也是時候來填飽肚子了。趁著身子還沒變冷之前，趕緊前往離蜻蜓之湯不遠的星野地區尋找餐廳吧。這裡有五花八門的店家雲集，煩惱該吃哪家好也是一種樂趣，也別錯過冬天才吃得到的美味溫暖限定餐點。

說到能在寒冷季節帶來幸福的料理，一定會想到湯品。在每年冬季舉辦的「輕井澤 熱湯之旅」，星野地區的8家店會推出自豪的湯品餐點，可以在各家店品嘗以〝輕井澤的冬季情景〞為主題所推出的獨具個性湯品，而每一碗呈現出的〝暖爐〞、〝雪地〞等都是冬季的輕井澤特有的風景。每喝一口那溫暖的情境就在心頭浮現，食材的滋味也會一點一滴滲進身體每個角落。

緊鄰蜻蜓之湯的「村民食堂」為了讓獨自前來的人也能品嘗火鍋，僅限冬季會特別供應3種〝單人份〞的火鍋料理，有味噌風味和投汁蕎麥麵等，每一種都是滿滿的信州當季風味，多人的話也推薦點多種不同的菜色一同分享。

磚造的暖爐、木製裝潢…
前往能感受別墅勝地輕井澤的餐廳&咖啡廳

重現感動的暖爐料理與空間使人忘卻寒冷

午餐時間會將醃漬料理和西班牙海鮮燉飯等前菜擺在暖爐前，能以吃到飽的形式大啖美食

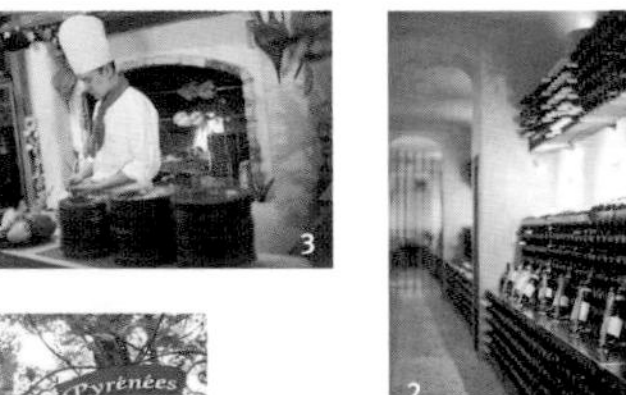

1.午餐是自選主菜加上前菜吃到飽，附上沙拉、麵包。圖中為春雞3795日圓，外皮酥脆、肉質飽滿，烘烤得恰到好處　2.酒窖收藏以法國產為主，保存了各式各樣的葡萄酒　3.可以邊欣賞烹飪的過程，邊等待料理烤好上桌也是一種奢華時光。馬頭雕像十分搶眼的店內據說是以馬廄為概念所打造　4.入口處的拱門上掛著「Pyrenees」的招牌　5.露台座備有電暖器，即使是冬天也能坐外面，群木圍繞十分宜人

Pyrenees ピレネー

☎0267-41-3339
長野県軽井沢町1181-8
12:00～14:30、17:00～22:00
休 週四 P 有 JR輕井澤站步行12分

想在此盡興用餐 氣勢驚人的暖爐烤肉

作為國際度假勝地而蓬勃發展的輕井澤，有形形色色類型的精緻美食餐廳散布各處。寒冷季節來到這裡，可以在吃了開心又暖和的美食包圍下，度過美味幸福的時光。

當我們聽聞有家餐廳吃得到宛如繪本中描繪的暖爐所烘烤的肉，便前來拜訪「Pyrenees」。一推開門，映入眼簾的大型暖爐歡迎我們到來。明艷而搖曳的火光以及店內的祥和氛圍，讓心情立刻沉靜下來。

這家餐廳的原點，來自於身為法國菜主廚的老闆曾在橫跨法國及西班牙的庇里牛斯山腳下所遇見的暖爐料理。由於他對那簡樸的美味難以忘懷，為了和更多人分享這份感動，他與工匠一同打造暖爐，並開設了這家店。

以柴火仔細炙烤的是信州的千代幻豬和特選牛肉等，每一種都是經過嚴選的食材。其中最推薦的是花上40分鐘烘烤而成的春雞，大塊切下烤到酥脆焦香的雞肉再一口咬下，柴火的香氣加上從多汁肉質流出的油脂甘甜味在口中擴散開來，讓人不禁露出幸福笑容。由於餐點的分量十足，可以大家一起分享，和樂融融。

連心都要隨之融化風味四溢的起司料理

在輕井澤開設4家分店的起司工廠所直營的餐廳，由在法國學藝多年的老闆夫妻將獨家製法做出的香醇起司加以改造成各式料理端上桌，其中最推薦的菜色是起司鍋，融化成濃稠狀的滑順起司令人一口接一口，薄脆餅皮的窯烤披薩和起司甜點也深獲好評。

1.自製硬質起司的起司鍋 白松露風味1728日圓，起司的濃醇風味與麵包十分對味，可以加點溫蔬菜和香腸等配菜 2.夏季會大排長龍的熱門餐廳，從大自然豐沛的東御市工廠直送的新鮮起司在日本或國外都擁有極高評價 3.散發出山中小屋般的居家氣息，讓人不禁想久待的舒適環境 4.冬天有暖爐溫暖店內，能夠度過美好的餐敘時光

Atelier de Fromage 軽井沢 PIZZERIA

アトリエドフロマージュかるいざわピッツェリア

☎0267-42-0601
⌂長野県軽井沢町東22-1
⏲午餐11:00～15:00、晚餐17:00～20:00(週六日、假日～21:00)
休週四 P無
JR輕井澤站步行6分

Karuizawa Gourmet

貼近輕井澤歷史的古典空間

1894（明治27年）創業的萬平飯店是輕井澤首間洋式飯店，想喝杯熱騰騰的茶品小憩一下時，就來這裡的Cafe Terrace。

來此務必一嘗皇家奶茶，這是當年下榻於本飯店的約翰・藍儂曾喝過並親自傳授奶茶泡法的餐點，令人和緩心情的溫柔甜味會留下深厚韻味。

約翰・藍儂也深愛的皇家奶茶

萬平飯店 Cafe Terrace

まんぺいホテル カフェテラス

☎0267-42-1234
⌂長野県軽井沢町軽井沢925
⏲9:30～17:30
休無休 P有
JR輕井澤站車程5分

1.皇家奶茶975日圓、蘋果派855日圓 2.在風格雅致的阿爾卑斯館的入口旁邊，便設有Cafe Terrace的露台座 3.與Cafe Terrace相連的大廳佈置有骨董家具，散發古典風情，和洋融合的室內擺設呈現奇妙的調和感 4.溫暖陽光灑落，使人心情平靜的Cafe Terrace

前往優質鮮乳的產地那須來趟
被起司包圍的美味之旅

那須不但是皇族設立別墅的度假勝地，其實也是日本本州首屈一指的酪農王國。近幾年來有活用這片土地資源的起司工廠誕生，而使現在的那須有著各式各樣的美味起司。

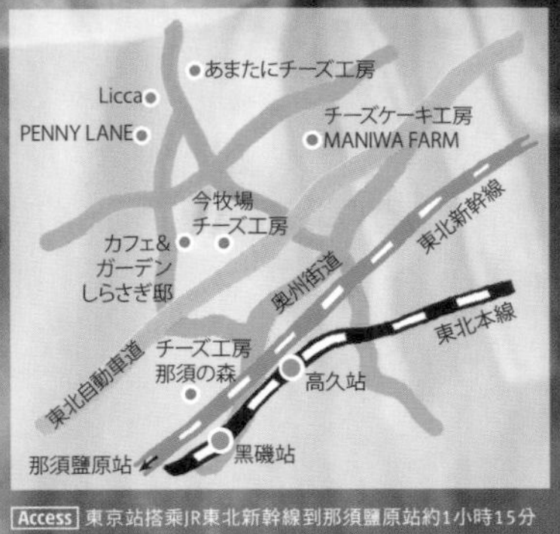

Access 東京站搭乘JR東北新幹線到那須鹽原站約1小時15分

"活用新鮮牛乳打造的全新起司知名產地"

位在栃木縣北部的那須，搭乘東北新幹線從東京站到那須鹽原站約需1小時15分，交通方便而恰好能成就一趟小小旅行。這裡不但是度假勝地，事實上也是僅次於北海道的鮮乳產地，擁有日本本州第一的生產量，飼育著日本十分稀少的乳牛。

以10年前有起司工廠首度在此設立為開端，爾後便不斷有新的起司工廠陸續誕生。為了追尋食慾之秋與美味起司，我們造訪了以滑順起司料理而著稱的那須當地餐廳。

瑞士的家庭料理「烤起司」，搭配前菜、湯品的套餐2900日圓，將起司表面烤至融化後，與生火腿、蔬菜、麵包等一同品嘗

起司美味絕倫的那須推薦餐廳

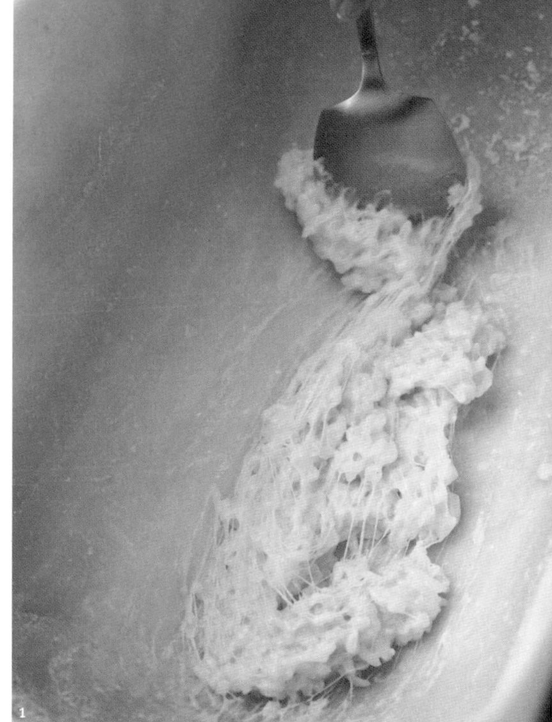

在桌邊服務的濃醇起司料理令人醉心

有溪水流經、翠綠草木環抱的絕佳立地，以義大利菜為主，也供應將那須產食材加以活用的料理，這裡的名菜是在切半的北義大利產格拉娜帕達諾起司內進行最後調理的起司燉飯。以高湯剛煮好的燉飯會在眼前與起司一同攪拌，濃郁的香氣撲鼻，這般氣勢也將促進饕客的食慾。這家餐廳一整年都能品嘗到將熱騰騰的融化起司削成片狀的烤起司。

1.2.在切成一半的巨大起司裡頭做最後調理的起司燉飯，附上前菜、湯品等2200日圓。也提供附主菜的全餐料理
3.餐廳從9月下旬開始會使用柴火爐

Licca リッカ
☎0287-74-3050 ⌂栃木県那須町湯本213-916
🕒11:00～20:00(平日有休憩時間)
休不定休 P有
‼JR那須鹽原站車程40分

充分運用附設烘焙坊的現烤麵包

附設烘焙坊，將使用優質小麥和那須純淨水所烘烤出的麵包變化成多采多姿的料理，其中「那須雞佐莫札瑞拉起司的酥皮派」是由濃醇即化的起司和酥脆派皮、自製番茄醬交織而成的絕佳美味料理。起司鍋則是做成碗狀的麵包，能一起吃下肚。

在充滿對披頭四愛意的這家咖啡廳內不但有音樂收藏，還有老闆從20多歲起持續蒐集的披頭四周邊商品也布置於各個角落。

PENNY LANE ペニー レイン
☎0287-76-1960 ⌂栃木県那須町湯本656-2 🕒8:00～20:00(8:00～10:00僅供應晨間餐點，烘焙坊～18:00)
休無休 P有 ‼JR那須鹽原站車程40分

1.起司鍋1200日圓，套餐會附上硬麵包和添加芝麻的口味等多種麵包、香腸等　2.4～11月期間好天氣時，也可以在露台座享用餐點　3.那須雞佐莫札瑞拉起司的酥皮派1800日圓，濃密的起司與酸甜醬汁很對味

直接向生產者購買的新鮮起司

我們親自走訪活用現擠牛奶的美味、一個個用心手工製作的3間那須起司工廠，連同他們的代表性商品一併介紹。

試吃比較各家起司工廠的主打產品

廣布在那須連峰山腳下的那須擁有夏季也依然涼爽的氣候，是在飼養上能夠避免給乳牛壓力的富饒環境。除了氣候上的優勢，那須的牧場不但有霍爾斯坦牛，還飼育了日本非常稀有的更賽牛、以淡棕色毛色為特徵的娟珊牛等乳牛，特色在於能產出高蛋白質且適合製成起司的生乳。

那須的起司工廠會善加運用各自的特點，將現擠的新鮮牛奶風味呈現在起司上。

今牧場的山羊群，在乾淨的環境下用心培育，再將山羊奶製成優質起司

ゆきやなぎ（加鹽） 770日圓

以新鮮牛乳製作的起司，特別加上鹽巴，牛奶的甘甜與高雅的鹽味融為一體

茶臼岳（山羊熟成起司） 2060日圓

優質的山羊奶香一口氣擴散開來，入口即化的口感，留下悠長餘韻

Tourteau Fromage 1500日圓

山羊奶起司製成的蛋糕，會將表皮烘烤至焦黑。能以常溫帶走，適合當伴手禮

みのり 670日圓

花上2個月熟成的半硬質起司，能嘗到溫和的奶味，無腥味而順口

今牧場 チーズ牧場

縣內唯一一家附設牧場的工廠

在創業60多年的牧場內，於2012年誕生的起司工廠，由曾經在義大利等地鑽研多年的高橋ゆかり小姐和丈夫雄幸先生這對夫妻共同經營。這裡還有飼養山羊，在日本屬罕見的山羊起司更獲得日本航空將其運用在頭等艙的餐點上，搭配水果乾品嘗也十分美味。

1.栃木縣唯一一家附設牧場的起司工廠
2.牧場內是一大片空氣與水質清新的豐沛大自然環境。鮮乳在擠出1分鐘後立刻進行殺菌，用來製作起司

今牧場 チーズ工房
いまぼくじょうチーズこうぼう

☎0287-74-2580
栃木県那須町高久甲5898 ⓛ10:00～18:00(冬季為～17:00) 休週三
P有 JR那須鹽原站車程35分

あまたにチーズ工房

高踞海拔約800m 澄淨空氣與群樹籠罩

位於溫泉與別墅林立的別墅勝地，在2004年開設的栃木縣首家起司工廠，原料來自以放牧飼養的乳牛鮮奶，將主力放在因保存期限短而不常流通於市面的「瑞可塔起司」、以及將現擠牛奶以乳酸發酵的「白起司」等新鮮起司製品。

3

あまたにチーズ工房
あまたにチーズこうぼう
☎0287-76-2723
栃木県那須町湯本206-530 🕒10:00～17:00 休週三 P有 JR那須鹽原站車程45分

桶底醬油醃莫札瑞拉起司 570日圓
將莫札瑞拉起司用桶底醬油醃漬而成，起司的香氣與日式風味形成絕配，也可當做下酒菜

瑞可塔起司 860日圓
號稱「用吃的牛奶」一般的滋味，正因為簡單而能吃出原料好壞的一品

白起司（Fromage frais） 540日圓
約需用上成品5倍之多的鮮乳，打造出香濃起司，與沙拉及咖哩也很搭

2

1

1.工廠位在即使夏天也不必開冷氣的那須高原
2.也深受當地居民喜愛，有時甚至白天就會售完
3.商店是由創業者天谷英雄先生的兒子天谷聰與妻子枝子小姐夫妻倆所管理

チーズ工房 那須の森

使用稀有的瑞士黃牛之牛乳

老闆過去曾從事畜產業、接觸過盛行製作起司之國的飲食文化，為了使那須居民也能在日常生活中吃到起司，而在2010年開設這家工廠。為了製作起司，更請農家飼育口感香濃且乳成分濃稠的瑞士原產乳牛「瑞士黃牛」，作為起司的原料。

チーズ工房 那須の森
チーズこうぼうなすのもり
☎0287-63-7241 栃木県那須塩原市中央町5-3 🕒9:00～17:00 休無休 P有 JR黑磯站步行8分

馬背起司
972日圓
沒有腥味，有著彈牙的口感。烤過後會像牽絲般融化，風味倍增

那須布利起司
756日圓
那須唯一的白黴起司，散發出100%瑞士黃牛牛乳的濃醇風味

那須黃牛起司
700日圓
需用鹽水塗抹表面約2個月的洗浸式起司，口感滑順好入喉

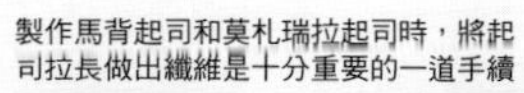

製作馬背起司和莫札瑞拉起司時，將起司拉長做出纖維是十分重要的一道手續

工廠內設有可以徹底管理溫度的熟成庫，也有製作需長時間熟成的起司

風味香醇的起司蛋糕叫人融化

起司的寶庫擁有頂級的起司蛋糕，也能遇見只有當地才吃得到的蕾雅起司蛋糕。你的最愛又是哪一種呢？

週六、日限定的起司蛋糕三吃1030日圓（前方），有經典款、本店限定的蕾雅起司、那須雪融等3種口味。巧克力起司蛋糕360日圓（中央左）、雙層起司510日圓（中央右）。牛乳310日圓～（右後）、咖啡歐蕾520日圓（左後）

1.咖啡廳佇立在能飽享大自然的草原之間　2.摩庭牧場是以近年越來越罕見的放牧方式飼養乳牛，能在此遠眺吃草的牛群

起司霜淇淋410日圓，含有大量起司，口感香濃卻又留下清爽韻味

露台座的眼前是一大片閑靜的草坪，只要往上看便能看見遠方的那須群山。美味蛋糕與開闊氣息，讓人打從心裡煥然一新

大量使用以自家牛奶製成的起司

座落在遼闊牧場一隅的起司蛋糕專賣店，店長摩庭令子小姐抱持著「想打造出能讓鄰近居民聚集的場所」而有了開設咖啡廳的念頭。她心想「既然如此，就要構思出能運用自家牧場鮮乳的菜色」，不斷嘗試製作起司蛋糕長達2年後，終於達成了開店的目標。

作為起司原料的當然是在這座牧場養育長大的乳牛所產出的100％牛乳，將牛乳的原始風味濃縮在起司之中，令人驚艷。

チーズケーキ工房
MANIWA FARM
チーズケーキこうぼう
マニワファーム

☎0287-77-0534
栃木県那須町豊原丙4525 ⏱11:00～16:50（週六日、假日為10:00～）休週四（逢假日則週三休）P有 JR那須鹽原站車程40分

甜點也要來點 美味起司融化你心

在滿街都是優質起司的那須，最想試試的甜點還是起司蛋糕，除了有經典款和蕾雅起司款、季節限定風味，還有在醬汁下功夫的口味。不光只有高水準的食材和風味，在選擇上也十分多元，叫人難以抉擇。

　這次走訪的2家店更推出只有當店才吃得到的新鮮蛋糕，正因為無法外帶回家，才能充分享受那留存於記憶中的美好滋味。

3種起司蛋糕760日圓（左）、盤型起司蛋糕850日圓（前方）、當季招牌茶580日圓（後方）

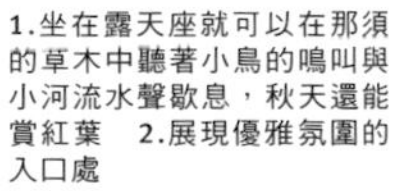

1.坐在露天座就可以在那須的草木中聽著小鳥的鳴叫與小河流水聲歇息，秋天還能賞紅葉　2.展現優雅氛圍的入口處

在能靜下心享受的空間內 品嘗現做的起司蛋糕

　走進有著時尚大門外觀的入口，眼前便是一片庭園景致，種植著得以感受四季更迭美景的那須草木。能夠在此一嘗作為伴手禮而備受歡迎的「御用邸起司蛋糕」和「白起司Fromage blanc」等由甜點師傅手工打造的甜點。其中的盤型起司蛋糕是僅限這家分店供應的新鮮起司蛋糕，起司餅乾和堅果的口感帶來恰恰好的提味效果。在這片能沉浸於大自然的空間內，度過優雅的片刻時光。

咖啡廳座落於有小河流過的庭園

能透過大片落地窗欣賞庭園林木，營造出舒適宜人的空間

カフェ&ガーデン しらさぎ邸
カフェアンドガーデンしらさぎてい

☎0287-64-4848 住栃木県那須町高久甲喰木原2888 CHEESE GARDEN那須本店腹地內 ⏰9:00～17:30(因季節而異) 休無休 P有 JR那須鹽原站車程25分

玩賞陶器的益子之旅

以益子燒之鄉而遠近馳名的益子，是對藝術和工藝品抱持興趣的人所關注的城市，再加上這裡還有美味手工餐點和甜點的咖啡廳、散發古風的雜貨鋪等，是一處逛逛街頭也有無窮樂趣的地方。

咖啡廳「1½」(P.109)也是使用當地烤窯所製作的陶器與杯盤

來尋找能日常使用的珍藏陶器

位於栃木縣內的益子町是日本十分出名的燒陶之鄉，每年春季和秋季會舉辦陶器市集，吸引國內外大批觀光客前來而熱鬧非凡。這裡不但有販售陶器的商家，還有好吃的麵包店及處處講究的舊宅翻新咖啡廳、復古的老用品店等數不清的迷人景點。雖然城市本身的規模不大，但如果想仔細走訪各間店家，時間或許會不夠用呢。

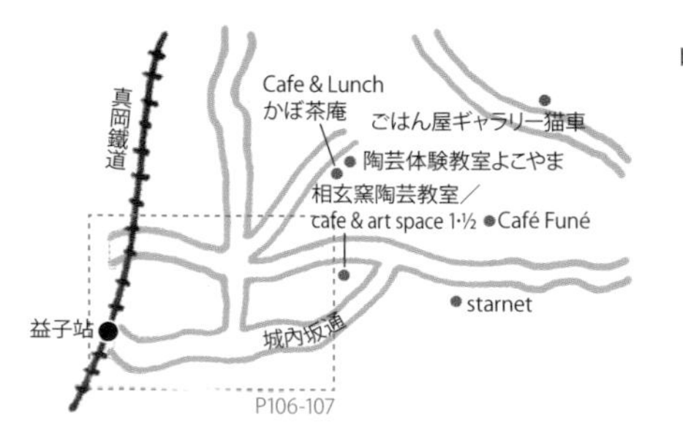

嘗試製作自己的小碗

在相玄窯的陶藝教室第一次挑戰陶藝體驗！ 製陶方式有電動拉坏機或手捏兩種，這次選擇以電動拉坏機來示範。

❶

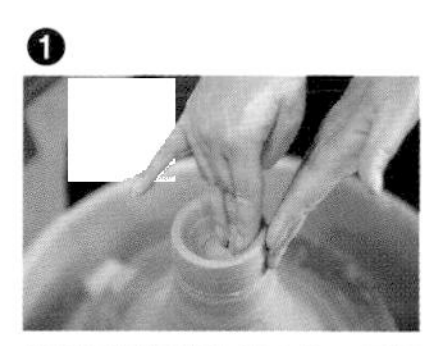

調整好拉坏機的速度後，用拇指朝用水打濕的土團中心往下壓，再以雙手的手指提高陶器的外緣

↓

❷

運用兩手拉出高度，一邊型塑出想要的大小。如果不能平均施力，土團就會歪斜，務必謹慎處理

↓

❸

土團成型後，就用海綿將裡頭的積水吸乾。為避免變形，需沿著陶器將海綿小心翼翼地往上提

↓

❹

用切線將陶器從土團上切除。需一面轉動拉坏機、並將切線從外側慢慢往自己的方向拉

↓

❺

最後可從約10種釉藥中挑選喜歡的顏色，約3個月後會將作品寄給顧客。這個尺寸的費用約3360日圓（含拉坏機使用費，限日本國內）

陶藝體驗採預約制，也有製作茶香爐或香薰壺的課程

陶芸体験教室よこやま製作出的益子燒也會在此販售

令人忘卻時間專注捏陶

陶芸体験教室よこやま

とうげいたいけんきょうしつよこやま

可以在窯廠直營的工作室體驗手拉坏和捏陶等陶藝，會有工作人員細心指導，即使是初學者或孩童也不用擔心，務必來此製作世上獨一無二的陶器。還有能從約10種圖案中挑選喜歡的請師傅幫忙上色的服務。

來尋找適合自己的可愛逸品

☎0120-696-864 ⌂益子町益子3527-7 ⏲9:00～15:00（關店為17:00） ¥拉坏機體驗3996日圓課程附送3個燒好的陶器 休週一（逢假日則營業） P有 ‼真岡鐵道益子站步行20分（提供益子站出發的接送，需預約）

透過陶藝體驗製出專屬自己的陶器

散發出宛如咖啡廳般時尚氛圍的相玄窯陶藝教室

益子的街頭上，散布了許多能輕鬆體驗製陶的陶藝教室。
從盤子到咖啡杯、酒杯和香薰壺等，不妨在專業陶藝家的教導下，
試著手工製作專屬於自己的獨一無二陶器吧？

能自由選擇想做的陶器

相玄窯陶芸教室

そうげんがまとうげいきょうしつ

可以在雅致的工作室中專心玩陶藝的體驗教室，因為有陶藝家貼身指導，只要先告知腦海中的構思就能獲得具體的建議，服務令人窩心，能夠在2小時的限制時間內做出喜歡的陶器。

1.位在陶藝教室對面的陶器店「木漏れ日」是相玄窯的直營店　2.陶藝教室位於多家商店聚集的益子陶藝村裡頭

☎0285-72-6107 ⌂益子町益子3435-1益子陶藝村 ⏲10:00～17:30
¥拉坏機體驗課程2小時2205日圓～（因製作的陶器而異）
休無休 P有 ‼真岡鐵道益子站車程7分

在益子享受悠閒陶器散步

愜意漫步，尋找令人心動的陶藝品

同時也是益子主要街道的城內坂通，
沿路上販售陶器的店家一間接著一間。
只要邊隨興散步邊巡訪陶器店，一定能遇見鍾愛的逸品。

深受當地支持的麵包店

a. えみぱん

在當地主要受到女性所喜愛的麵包店，使用從世界自然遺產「白神山地」取得的白神兒玉酵母、北海道產小麥所做出的麵包飽滿又柔軟，最受歡迎的是古早味的橄欖型餐包。

☎0285-81-6525 ⌂益子町益子3018-1 ⏲11:00～17:00（售完打烊）㊡週一、二（逢假日則營業）Ⓟ有 ‼真岡鐵道益子站車程5分

橄欖型餐包的內餡有當季果醬等6種

1.小木屋風的可愛店家
2.招牌商品橄欖型餐包120日圓、添加柑橘果粒的柑橘麵包350日圓

益子参考館入口
道祖土
道祖土上
a. えみぱん
ギャラリー&ステイ 益古時計 b.
陶庫 G.
城内坂
城内坂通
陶芸メッセ入口
城内坂
d. Mos Mos
c. G+00
e. もえぎ 城内坂店

杯盤組2160日圓～

獨具個性的雜貨一網打盡

c. G＋00 ジープラスツーノウツ

將曾經是車庫的地方靠一己之力翻修成時尚的選貨店，販售日本內外約50位陶藝家的陶器之餘，還一併擺上這一帶較為稀少的廚房用品。

面朝城內坂通的店家外觀

☎0285-72-0098 ⌂益子町益子城內坂115 ⏲11:00～17:00（週六日、假日為～18:00）㊡週三（逢假日則營業）
Ⓟ有 ‼真岡鐵道益子站步行18分

森林中的小小飯店

b. ギャラリー＆ステイ 益古時計

ギャラリー＆ステイ ましこどけい

座落在森林環抱的山村大自然中，能夠悠哉度過的B&B形式旅館。以益子燒陶器盛裝的早餐、可以包場享受的景觀露天浴池也是賣點。

附設藝廊（不定期營業）展出年輕陶藝家的作品

☎0285-72-7201 ⌂益子町益子4283-5 ⏲IN15:00、OUT10:00
㊡不定休 ¥純住宿1泊5700日圓～ 室7 Ⓟ有 ‼道祖土上巴士站步行6分

雙床房的客房，室內的瓷磚及洗手台、燈具等都使用了益子燒製品。面積不一的雙床房有6間、和室有1間

2011年開幕，位在即使從陶器店林立的城內坂也能順道來逛逛的地點

將老縫紉機作為室內設計的一部份，店內有許多讓人不禁想參考的獨特擺設

昭和復古風的老用品店

f. 內町工場
うちまちこうじょう

改建自屋齡約80年的建築，店內盡是從研究中心、全球的軍事設施等奇特單位採買而來的珍奇商品，光欣賞就讓人興奮不已。

☎0285-81-7840
⌂益子町益子897
⏱11:00～18:00 休週三 P無
👣真岡鐵道益子站步行12分

接觸傳統風格的配色

陶庫
とうこ

設於店內中心的販賣空間

1974（昭和49）年開始以在地陶藝家的作品為中心做推廣的老字號藝廊。店內除了陶藝家的創作以外，還推出許多在自家烤窯製作且採用傳統用色的獨創商品。

☎0285-72-2081
⌂益子町益子城內坂2
⏱10:00～18:00 P有
👣真岡鐵道益子站步行14分

佐佐木康弘先生製作的別緻碗公1728日圓

遇見益子燒的新銳才氣

もえぎ城内坂店
もえぎじょうないさかてん

注重"與藝術家一同茁壯"的理念，而販售許多20～30歲年輕陶藝家作品的店家，還設有每2週更換展品的常設展示空間。

☎0285-72-6003 ⌂益子町城內坂150
⏱9:30～18:00 休週五(不定休) P有
👣真岡鐵道益子站步行15分

位在城內坂通上的店鋪有著現代風的外觀

店內更展示出木工和玻璃製品等

將前肥料店、政府米倉、大正時代尾聲的住家倉庫一步步搬遷，統整為一棟建築

↑茂木站
真岡鐵道
益子站
駅前
下館站↓
栗崎
益子
內町工場

讓人不禁想跟它們說說話的可愛表情

《益子的陶器市集每年舉辦2次》

1966（昭和14）年開辦的益子陶器市集是整座城市共襄盛舉的一大活動，每年的黃金週期間和秋季的11月3日左右，會以城內坂和道祖土地區為中心盛大舉辦，約50家陶器店和約500個攤位擠滿沿路，會有新銳陶藝家和窯廠師傅親自販售益子燒和美術品等，也可以跟他們聊聊。

春秋兩次共從國內外吸引了多達60萬人次的觀光客

能體驗苔蘚的成長

Mos Mos
モスモス

由陶藝家真山茜小姐親手打造，將苔蘚植物培養於素燒陶器內的獨創盆栽在國際上也頗有名氣。做成小雞和兔子、貓咪等外形的動物系列有著傻乎乎的表情，非常可愛。

本店僅在週六日營業，「苔蘚小雞」（上圖）1個1000日圓～

☎090-2727-3820(真山) ⌂益子町城內坂126 一壺天內
⏱11:00～17:00 休週一～五 P有 👣真岡鐵道益子站步行18分

尋找陶器的空檔時間想去坐坐的咖啡廳

在逛街尋訪陶器之後，就到時髦的咖啡廳或餐廳歇歇腳吧。由於店家大多營業至傍晚，建議在午餐和下午茶時間前來用餐。而有許多店家使用益子燒的器皿，也是這個城市特有的風情。

1.選用平飼雞蛋製作的戚風蛋糕400日圓，蛋的美味會在口中擴散開來
2.在白飯上鋪上朧豆腐及蔬菜的朧豆腐蓋飯1200日圓，正因為簡單更能凸顯出食材風味

使人忍不住想久待的悠閒舒適咖啡廳

益子的午餐&點心景點

3.商店裡還有starnet的原創品牌「organic handloom」的優質服飾
4.以益子燒為中心所蒐羅的器皿和茶壺、餐具，每一項都是簡樸的設計

還有販賣當地生產的米、蔬菜等，以及果醬和麵包等加工食品

以在地食材製作的樸實風味

starnet スターネット

遊訪益子時一定要來逛逛的商店&咖啡廳，此店提倡與自然融合的生活風格。推開以栃木縣名產「大谷石」建造的現代風建築的大門，左手邊是推出雜貨與服飾等的商店，右邊則是販賣食品的商店兼咖啡廳。以有機食材烹製出滋味豐富的天然餐點和甜點，可以在窗外的翠綠景觀陪襯下悠閒品味一番。

☎0285-72-9661 ⌂益子町益子3278-1 ⌚11:00～18:00
休週四 P有 👣益子参考館前巴士站步行10分

隨著四季變幻風貌的庭園讓人無論來訪幾次也不厭倦

注重食材的養生料理 令人讚不絕口

ごはん屋ギャラリー猫車

ごはんやギャラリーねこぐるま

堅持採用當令食材來烹製菜餚的咖啡廳。露台座可以感受豐沛的庭園綠意，店內則能欣賞當地陶藝家的陶器，一面愜意品嘗手工料理及咖啡簡餐。

1.由原本是老闆夫妻所居住的建築改裝而成的店內　2.季節御膳1512日圓，是選用當令食材製作的人氣第一菜色

☎0285-72-4376 ⌂益子町下大羽463 ⓛ11:00～18:00 休週一～三（逢假日則營業）Ⓟ有 ‼真岡鐵道益子站車程15分

1.自家製巧克力塔450日圓及瓜地馬拉咖啡550日圓，點套餐能折價100日圓　2.咖啡香氣瀰漫的店內是以益子燒陶器、骨董雜貨所佈置出的個性洋溢空間

品吟頂級咖啡的 成熟風空間

Cafe & ART Space 1・1/2

珈琲と文化 イチトニブンノイチ

由深諳藝術與骨董的老闆所經營的咖啡廳，因為這裡能喝到從咖啡豆的選擇到烘焙、萃取方式都講究至極的正統咖啡，而吸引全日本的咖啡迷特地造訪。也可以告訴老闆喜歡的口味來請他推薦咖啡。

緊鄰相玄窯陶芸教室（→P.105），可在陶藝體驗後來此小憩

☎0285-72-6123 ⌂益子町益子3435-1 益子陶藝村 ⓛ11:30～21:00 休週五 Ⓟ有 ‼真岡鐵道益子站車程7分

使用可愛的陶器 盡享咖啡時光

Cafe & Lunch かぼ茶庵

カフェ&ランチかぼちゃあん

窯元よこやま（→P.105）所直營的咖啡廳，以使用南瓜製作的甜點和菜色為主，也供應沙拉及前菜、義大利麵、蛋包飯等，盛盤用的陶器全採用益子燒製品。

1.門口有南瓜人偶迎賓 2.自選甜點套餐是2道540日圓、3道648日圓、4道864日圓，可從南瓜布丁等7～8種甜點中任意選擇

☎0285-70-3478 ⌂益子町益子3527-3 ⓛ11:00～16:30（12～2月為～16:00）休週二（逢假日則翌日休）Ⓟ有 ‼真岡鐵道益子站車程5分

能感覺到木材溫潤質感的店內設計

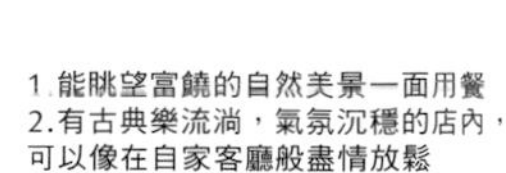

以益子燒的大盤盛裝的菜拌飯，加上外皮酥脆的炸雞十分好吃的南蠻拌飯，1850日圓

1.能眺望富饒的自然美景一面用餐 2.有古典樂流淌，氣氛沉穩的店內，可以像在自家客廳般盡情放鬆

由陶藝家族掌櫃的 閒情逸致咖啡廳

Café Funé カフェフーネ

將陶藝家鈴木量先生的工作室和住家加以改建成咖啡廳，由同樣是陶藝家的妻子入展廚藝，供應口味和賣相都令人食指大動的午餐，餐點會以兒子製作的獨特器皿盛裝上菜。

☎0285-81-6004 ⌂益子町益子5196 ⓛ11:00～16:00 休週三、四 Ⓟ有 ‼真岡鐵道益子站車程13分

名勝行事曆

賞花名勝

伊豆 河津櫻  1月中旬～2月

河津站周邊
河津駅周辺

1月中旬起花苞開始綻放，2月上旬開始深粉紅色的花瓣逐漸盛開。

☎0558-32-0290(河津町觀光協會) 住靜岡県河津町 時自由參觀 P有 交伊豆急河津站即到

佐倉  鬱金香  4月上旬～下旬

佐倉故鄉廣場
佐倉ふるさと広場

每到春天，荷蘭風車「Liefde」四周會變成一片約有70種、60萬株鬱金香的花田。

☎043-486-6000(佐倉市觀光協會) 住千葉県佐倉市臼井田2714 時自由入園(公園管理棟為9:00～17:00) 休無休 ¥免費 P有 交臼井中学校入口巴士站步行10分

秩父 芝櫻  4月中旬～5月上旬

羊山公園
ひつじやまこうえん

超過9種、40萬株的芝櫻彷彿將整面山丘覆蓋上一層粉紅色地毯。

☎0494-25-5209(秩父市觀光課) 住埼玉県秩父市大宮6360 時自由入園 ¥最佳賞花期的8:00～17:00為300日圓 P有 交西武秩父線西武秩父站步行20分

箱根 杜鵑&石楠杜鵑 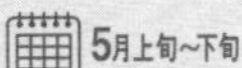 5月上旬～下旬

小田急 Hôtel de Yama
小田急山のホテル

飯店聳立在能飽覽蘆之湖的高地，這裡的庭園因被視為賞杜鵑和石楠杜鵑的名勝而著稱。

☎0460-83-6321 住神奈川県箱根町元箱根80 時9:00～17:00 休無休 P有 交元箱根港巴士站步行15分(提供接送)

鎌倉 繡球花  6月上旬～下旬

明月院
めいげついん

有「繡球花寺」之稱而聞名的明月院以姬繡球花為主，梅雨時節會有2500株的繡球花爭相綻放。

☎0467-24-3437 住神奈川県鎌倉市山ノ内189 時9:00～16:00(6月為8:30～17:00) 休無休 ¥300日圓(6月為500日圓) P無 交JR北鎌倉站步行10分

河口湖 薰衣草 6月上旬～下旬

八木崎公園
やぎさきこうえん

整個小鎮有多達10萬株的薰衣草。將能望見富士山的湖畔點綴成一片紫色花海的風景，可說是河口湖初夏的風情畫。

☎0555-72-3168(富士河口湖町觀光課) 住山梨県富士河口湖町小立923 時自由參觀 ¥免費 P有 交八木崎公園巴士站即到

清里 向日葵 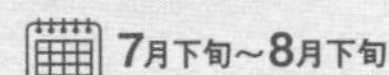 7月下旬～8月下旬

明野向日葵花田
明野ひまわり畑

緊鄰山梨縣立花卉中心 海蒂村，在能夠遙望富士山及南阿爾卑斯山的絕佳地點上，開滿了約60萬株的向日葵。

☎0551-47-4747(北杜市觀光協會) 住山梨県北杜市明野 時自由參觀 ¥免費 P有 交ハイジの村巴士站即到

日高 曼珠沙華  9月中旬～10月上旬

巾著田
巾着田

秋天來臨時，被高麗川包圍的河床邊，巾著田被一片曼珠沙華染成深紅色，每年9月中旬到10月上旬會舉辦曼珠沙華節。

☎042-982-0268 住埼玉県日高市高麗本鄉125-2 時自由參觀(收費)最佳賞花期為300日圓 P有 交西武秩父線高麗站步行15分

館山 罌粟花  12月～5月上旬

罌粟花之里 館山家庭公園
ポピーの里 館山ファミリーパーク

一整年都能體驗採花趣，每年12月開始綻放的約10萬株罌粟花美得令人瞠目結舌。

☎0470-28-1110 住千葉県館山市布沼1210 時8:30～17:00(因季節而異) 休不定休 ¥550日圓 P有 交館山ファミリーパーク巴士站即到

東京近郊

採果樂&賞花

採果樂

真岡 草莓 1月上旬～5月上旬

井頭觀光草莓園
井頭観光いちご園

能夠無時間限制大吃熟透的栃乙女品種的草莓園，設有高腳架，不用彎腰就能摘採。

☎0285-81-1141 ⌂栃木県真岡市上大田和3006 ⏰1月上旬～5月上旬，9:00～15:00(週六日、假日～15:30) ¥800日圓～(無時間限制，因時期而異) 休開放期間無休 P有 ‼北關東自動車道・真岡IC車程10分

館山 草莓 1月～5月上旬

館山採草莓中心
館山いちご狩りセンター

在館野農協報名完成後，就步行前往附近的農園，可以採收正新鮮的草莓。

☎0470-22-3466 ⌂千葉県館山市山本257-3 ⏰1月～5月上旬、9:00～15:00 ¥現採吃到飽30分1200日圓～ 休開放期間無休 P有 ‼JR內房線館山站車程10分

示意圖

南房總 枇杷 5月～6月

富浦枇杷俱樂部
とみうら枇杷倶楽部

被稱為房州枇杷的千葉縣枇杷擁有全日本首屈一指的生產量，這裡的公路休息站會於限定期間供遊客採枇杷。

☎0470-33-4611(需預約) ⌂千葉県南房総市富浦町青木123-1 ⏰10:00～18:00 ¥現採吃到飽30分2000日圓～ 休無休 P有 ‼JR富浦站步行15分

鹽山 櫻桃 6月上旬～下旬

丸山水果農園
丸山フルーツ農園

以有機肥料種植的櫻桃既大顆又鮮嫩，即使下雨天也能體驗採果樂。

☎0553-23-1181、090-4127-6295 ⌂山梨県甲州市塩山牛奥 ⏰6月上旬～下旬、9:00～16:00左右 ¥現採吃到飽30分2000日圓(需預約) 休開放期間無休 P有 ‼JR鹽山站車程5分(欲接送請事先洽詢)

鹽山 水蜜桃 7月上旬～下旬

島村農園
しまむら農園

選用不破壞環境的天然素材農藥，用心培育出的水蜜桃有著優質風味。

☎0553-33-2241 ⌂山梨県甲州市塩山牛奥3662-1 ⏰1月上旬～10月上旬、9:00～16:00(需預約) ¥現採吃到飽1小時1296日圓 休開放期間不定休 P有 ‼JR鹽山站車程5分

高尾 藍莓 7月下旬～9月中旬

恩方藍莓之里
恩方ブルーベリーの里

陣馬山的山腳下有10家藍莓農園散布，可以採收鄉鈴藍莓等多種品種。

☎090-4363-4485(中村農園) ⌂東京都八王子市上恩方町 ⏰7月下旬～9月中旬、8:00～16:00 ¥1kg 1800日圓，每人500g以上 休週二 P有 ‼力石巴士站步行10分

館山 無花果 8月中旬～11月上旬

館山Pioneer Farm
館山パイオニアファーム

主要栽種4種不同品種的無花果，全年營業的商店內除了有冰淇淋等甜點外，還有販賣無花果樹苗。

☎090-2459-1094(需預約) ⌂千葉県館山市正木441 ⏰10:00～16:00 ¥摘採5顆980日圓(附各個品種的試吃) 休週四 P有 ‼富津館山道路富浦IC車程10分

富士川町 西洋梨 9月中旬～11月下旬

秋山觀光農園
秋山観光農園

可以採收在日本也很稀少的法國西洋梨。能盡情試吃並附送2顆法國西洋梨及果醬做伴手禮的2000日圓方案很受歡迎。

☎055-243-2833(甲府事務所) ⌂山梨県富士川町小室3879 ⏰9月中旬～11月下旬、10:00～16:00 ¥採西洋梨2000日圓 休開放期間無休 P有 ‼JR市川大門站車程10分

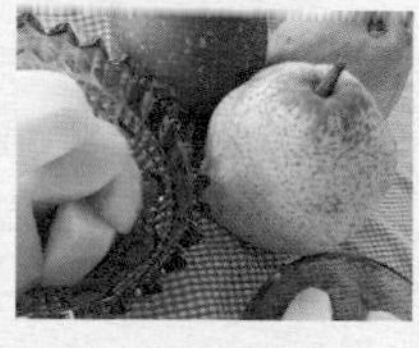

秩父 蜜柑 11月上旬～12月下旬

大內澤觀光蜜柑農園
大内沢観光みかん農園

採收期來臨時，能在臨近的4間觀光農園體驗蜜柑現採吃到飽、採果裝到滿，滋味香醇與恰到好處的酸味頗受好評。

☎0493-82-0330 ⌂埼玉県東秩父村大内沢490 ⏰11月上旬～12月下旬、9:00～16:00(關園) ¥現採吃到飽300日圓，採果裝到滿600日圓～ 休開放期間無休 P有 ‼落合巴士站步行20分

Have a nice Co-Trip!

平時總是到東京一遊嗎？不妨將行程稍微延伸

再稍稍跨出一步

就能轉換心情的東京近郊小小旅行

沿途的新發現令人雀躍

似乎會不自覺地上癮

下一站要去哪裡好呢

ことりっぷ co-Trip 小伴旅

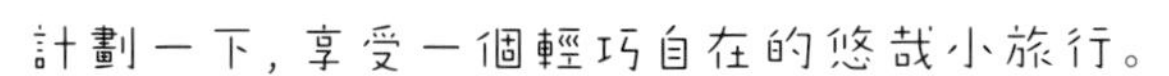

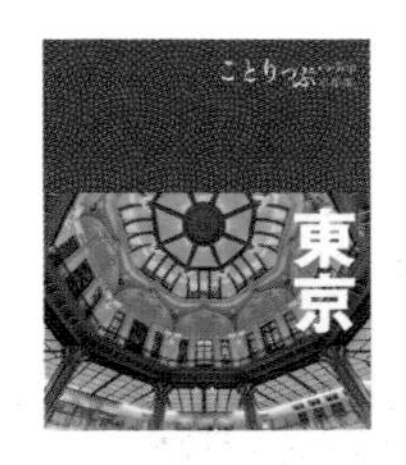

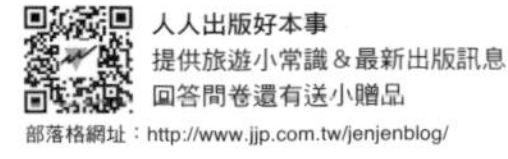